中堅實力 4

結盟、內部革新到數位轉型，
小企業突圍勝出的新契機

現今競爭態勢與未來市場走向，
……化、策略聯盟及技術傳承，
，再度推動台灣經濟全面升級！

中租迪和（股）公司──【委製】
台灣經濟研究院──【研究】

政治大學會計系教授 **吳安妮**
東海大學企管系教授 **黃延聰**
專文推薦

目錄 CONTENTS

Chapter 1　數位轉型

Chapter 2　策略合作

Chapter 3 傳承優化

推薦序

台灣中小企業開創
藍海契機的精彩歷程

政治大學會計系講座教授 吳安妮

勇於創新、迎難而上

老一輩的企業家經常談起 50 年前，提著一只 007 皮箱，憑藉樂觀、肯打拚、忍辱負重的「台灣牛精神」征戰全球，在海外接單，在台灣代工製造、外銷出口，認真、務實和敬業的經營力，由點匯聚成面，掀起萬丈波瀾，締造了台灣經濟奇蹟。

回顧台灣經濟發展歷程，中小企業的活絡興盛厥功甚偉。根據經濟部發行的《2021 年中小企業白皮書》資料顯示，2020 年台灣中小企業家數為 154 萬 8,835 家，占全體企業 98.93%；就業人數達 931 萬 1 千人，占全國總就業人數

的 80.94%。其銷售總額為 23 兆 5,555.13 億元，占全部企業銷售額超過 5 成（53.99%）。其中，內銷額達整體企業銷售額之 62.50%；出口額占比為 26.28%，相較往年數據皆有所成長，顯示半世紀來，台灣中小企業始終擔綱我國穩定經濟及創造就業的重要基石。

　　長年投入中小企業融資服務的中租迪和（股）公司，與台灣經濟研究院攜手，以台灣中小企業為核心研究課題，花費數年彙整、採訪海內外台資企業，完整且全面地剖析中小企業在台灣產業變遷過程中，如何從單打獨鬥的個體，創新研發，構建綿密網絡，形成各個產業聚落。更且，以台灣為起點，跨足國際，翔實記錄這群靠著勤勉不懈，勇於突破逆境，不斷蛻變的企業先鋒足跡，發行《中堅實力》系列書籍。

　　本書《中堅實力 4》以數位轉型、策略合作與傳承優化等三大主軸，親訪 46 家中小企業主，具體而生動地闡述在詭譎多變的激烈競爭環境中，運用智慧科技，數位轉型、數位管理、精準定位；依循雙方互惠原則，與合作夥伴謀求雙贏；第二代、第五代年輕接班人布局新攻略，扭轉瀕臨存歿危機險局，峰迴路轉，開創藍海契機的精彩歷程。

順勢而為、群策群力

　　隨著網路日益普及，迎面而來的數位化潮流已是不可逆的必然趨勢，產業的經營策略、營運模式、行銷管理等，無不面臨著數位轉型及管理的挑戰，而「轉型」意味著組織、文化、人才、流程及技術整體架構等都要變革，才能因應數位經濟的挑戰，掌握住翻轉的契機。

　　數位轉型所訴求的，不是單一的技術或 IT 專案，而是企業整體的變革。全球頂尖顧問公司麥肯錫（McKinsey & Company）早在 2017 年就提出一份報告，發出警訊：「數位轉型是台灣企業的當務之急，若有延遲恐將危及經濟發展。」

　　商場如戰場，置身愈趨嚴峻的競爭環境中，企業主最能敏銳察覺潮流的脈動，本書第一章「數位轉型」介紹的「博洛嘉國際」創辦人暨董事長楊繹頡就是典範。他善用科技業服務的經驗，一投入產業就將數位化全面落實於每一個環節，1 台雲端主機取代了打卡機、傳真機、電話總機、電腦主機等一般辦公室設備，大幅降低財務負擔，僅用 3 名員工即可完成產品的進、銷、存與出貨作業，展現驚人的競爭力。「企業可否成功數位轉型，關鍵在於企業主的決心。」他一

語道盡數位轉型的成功祕訣。

　　從傳統樂器混音器起家的「科音國際」，更進一步從數位轉型開創新藍海。「對企業真正有幫助的，是數位轉型後的大數據分析。」現任總經理邵威中指出，透過大數據分析，不僅加快製程、擴大產能，還開啟新視野，決定在亞馬遜（Amazon）電商平台建置英文銷售網站，成功將自有品牌的新產品銷售至 30 多個國家。現今，除了數位混音器，「科音國際」推出無人搬運車、電子聽診器與溫溼度監控器，切入智慧運輸、智慧醫療、智慧農業等產業，跨領域創新經營模式堪為品牌斜槓的最佳案例。

　　「雅文塑膠」擁有 3 座廠房，但由於生產數據無法整合，導致生產計畫、產品交期產生變數，大大影響企業發展。曾於中國擔任專案經理的陳秉豐，深刻體認中國企業數位化的蓬勃發展，接班後，隨即導入機聯網解決痛點，透過系統精密分析，促使「生產及時化、資訊透明化、資料正確化」，盤點庫存從原本約 2 小時，縮短至約 10 分鐘，物料不足時，還能即時進料，企業體質獲得大幅改善。「中小企業若要永續生存，一定得進行數位轉型，否則不可能存活到 10 年後。」立足風尖浪口，陳秉豐為中小企業的未來做出定論。

　　英國首相邱吉爾（Churchill）有句名言：「世界上沒有

永恆的敵人,也沒有永恆的朋友,只有永恆的利益。」觀看國際企業現況,一語中的。「通用汽車」和「豐田汽車」聯手組裝汽車,「西門子」和「飛利浦」共同開發半導體,競爭對手彼此合作,朝著共同的目標,互惠互利,更能迸發出 1+1 > 2 的凝聚力,創造雙贏。

中台灣的工具機產業是台灣引以為傲的產業聚落之一,然近年來面臨韓國、中國工具機產業快速崛起,加上兩國政府強力奧援,台灣工具機業者處於前所未有的巨大挑戰。

強敵壓境,在「中衛發展中心」號召下,「台中精機」與「永進機械」齊心說服原本壁壘森嚴的工具機業者與協力廠商結盟,於 2006 年 M-Team 於焉誕生,此後群策群力,成員企業相互學習、砥礪,以群體之力協助個別企業轉型、升級,讓技術與產品品質再上層樓,並聯合參展,共同行銷,積極拓展客源,強化國際競爭力。10 餘年來,成效斐然,會員數、影響力不斷上升,台灣重要的關鍵零組件業者紛紛加入,不僅提供優質零件,還協助其推廣給全球各大工具機廠使用,行銷全球。

台灣最大汽車芳香劑製造商「睿澤企業」創業之初,即面臨著相關企業大舉西進,產業供應鏈斷鏈的巨大危機。創辦人暨總經理黃祺娟幾經考量決定留在台灣,每年召集 2 次

協力廠商大會，相互交流，以期凝聚共識、解決問題。同時，密集參與國際性會展，開拓國際客源，掌握潮流脈動，迄今產品外銷逾 47 國，躍升全亞洲最大的香氛製造商。「睿澤企業」卻不因此自滿，為更上層樓，與國內大學產學合作，提升香氛產品的抗菌、除臭功能，並成功開發出「透氣薄膜芳香技術」、「奈米微膠囊和聞香技術」，現已通過歐盟的 CE 認證，商機無限。

　　根據台灣經濟研究院調查，超過 6 成的中小企業沒有傳承規畫，恐面臨接班危機，競爭力自然難以延續。更令人憂心的是，過去幾年來，家族企業經營權之爭不斷上演，在在顯示接班傳承是企業必須面對的重要課題。

　　然而新時代的瞬息萬變，經濟環境、接班意願、創業精神與持續創新的能力，傳承的挑戰與需求遠較往昔更為嚴峻，「新思維與新擘畫」已是不可或缺的要件。

　　創業歷史長達 1 個半世紀的「郭元益食品」之漢餅領先地位屹立不搖。家族第五代，現任副總經理郭建偉接班的念頭源自於一位資深員工對公司瞭若指掌，情深意切。任職後，到工廠從基層開始歷練，升任副總經理後以全方位考量，主導多項變革，致力拉近與年輕消費者的距離，強化伴手禮、節慶商品、下午茶點心品項，與通路商合作，打入日

常生活食品市場，讓消費者感受到 150 餘年的郭元益食品與時俱進。並且建立創新制度，將所有產品的銷售績效與營業人員的獎酬連結一體，因而營業人員積極地針對消費者的喜好，推薦合適的商品，成功帶動整體業績。

有別於歷史悠久的企業，「芳晟機電」創立於 1979 年，由家庭式的代工廠做起，主力產品為沉水泵浦，陸續擴增馬達、泵浦、齒輪、減速機等產品。第二代的吳世敦對機械並無濃厚興趣，大學畢業後投身廣告業，回到自家企業任職後，大刀闊斧的改革遭遇員工強烈抗拒，備感挫折。5 年後，31 歲的吳世敦從管理課程中徹底領悟到「不是改革本身錯誤，而是我待人的方式不對」。自此磨去稜角，富同理心，突破員工心防，化解改革的阻力，帶領「芳晟機電」逐步蛻變，更發展出自有品牌，專攻少量多樣領域，堅守「把簡單的事情做到極致之」信念，進軍國際市場。迄今，透過經銷商攻略全球市場，成為產品行銷亞洲、歐洲、及北美洲的企業。

「他山之石，可以攻玉」，46 個企業成長的蛻變歷程，象徵台灣企業蘊藏的豐厚活力與韌性，骨子裡刻畫著不屈的精神與樂觀態度，即使艱苦當前，亦能迎難而上。有心一窺台灣中小企業發展之堂奧者，本書非常值得細細品讀，收穫必當豐滿！

推薦序

經營、創新突破的三個挑戰

東海大學企業管理學系教授兼系主任 黃延聰

緣起

　　根據 2019 年的一項調查顯示，台灣企業總家數約莫 152 萬家，中小企業占比約 97.7%；台灣約 1,150 萬就業人口中，約 905.4 萬人在中小企業任職，占比達到 78.7%。中小企業顯然在台灣經濟扮演非常重要的角色，特別是中小企業部門承擔台灣經濟大部分的就業人口。因此中小企業興盛與否，攸關台灣千千萬萬家庭的生計。與大型企業或國際企業相比，探討台灣中小企業如何克服經營困境的研究與專書，不管在質與量上，均都相當有限。

　　很高興看到中租控股及台灣經濟研究院針對中小企業進

行長期的研究，並與商周出版合作《中堅實力》的系列叢書，希望藉由分享不同產業台灣中小企業的成功案例，匯聚中小企業發展成功經驗與經營管理智慧心法，提供給社會大眾，特別是廣大的中小企業經營者參考。

　　本書為《中堅實力》第四冊，是以台灣中小企業的數位轉型、策略聯盟與傳承接班為主軸，陳述台灣不同產業的中小企業的數位轉型模式、策略聯盟的動機與過程、及傳承接班策略等面向的實際成功經驗。得知本書即將出版，特為之序，推薦給關心台灣中小企業經營的讀者參考！

中小企業如何數位轉型？

　　21 世紀已進入數位化的時代，數位科技的進步與普及已改變人們的工作與生活型態，無論是產業部門還是社會生活均開始數位化甚至智慧化，中小企業當然無法置外於數位轉型的浪潮。中小企業受限於規模與資源人才不足，如何進行數位轉型？

　　面對數位轉型的浪潮，中小企業經營者首先需要注意與掌握數位科技在產業的應用趨勢及各行各業的應用實務，思考如何提昇本身的數位化準備程度。像是在研發、生產、行

銷及營運流程上，是否已數位化？若已數位化，如何數位優化？甚至進行數位轉型。在本書探討的中小企業個案當中，海陸家赫在油桶裝置感應器並導入 CRM 資訊系統，解決客戶插單與急單問題，並運用社群聆聽工具獲得產品研發情報。新呈工業則開發了智慧排程派工系統，導入人工智慧的數位工具，擷取機台數據，進行智慧排程。彬騰企業則從整合門、窗、燈光控制技術著手，開發出智慧窗簾，並進行生產流程的數位化及數位行銷與運用電商平台行銷各國。

　　從本書探討的 13 個中小企業數位轉型個案中，可以發現不同產業數位轉型的重點有所不同，有的先從生產或營運流程進行數位優化，有的則是從業務或行銷著手，建議可先從資金投入較少及容易看到成效的流程進行數位優化或數位轉型開始，以建立中小企業對於數位轉型的信心與支持。當小型數位轉型專案導入成功之後，則再擴大到其他流程或部門；也就是建議採取漸進式的數位轉型策略，而非激進式的數位轉型，會較容易成功。

　　由於中小企業的資源與數位人才較為有限，建議可以加入政府的數位轉型相關計劃，或導入外部研究機構或 IT 業者的資源，協助擬定與執行數位轉型的策略及方案。

中小企業如何進行策略聯盟？

中小企業因受限於規模，在發展過程中，可以借助外部合作夥伴的力量，取得或使用外部資源，也就是採取策略聯盟方式達成策略目標。根據本書探討的 16 個中小企業策略聯盟案例，可以瞭解到可運用合作策略來達成策略目標，包括：與上游供應商合作開發新技術或新產品，如健生生技與美國廠商合作分工生產自有品牌保健產品，或台中精機與協力廠商之間的 M-Team 聯盟。也可與下游客戶合作，研發生產客戶之產品，例如寬濱企業加入 UA 的供應鏈體系。或與國內同業合作，共同行銷、共同研發或共同生產或營運，例如建裕國際與同業合作，台中精機的 M-Team 及安口食品機械倡導的食品機械同業的合作，海德魯材料與挪威原廠合作進行焊條市場，浩亞企業與日本 Samantha Thavasa 合作經營台灣市場。

除了與同業合作之外，也可進行異業合作，例如兆紅國際與玉知高華知高飯將台灣小吃變成高檔料理，悍創運動行銷與寶成國際集團合作創立寶悍運動平台。此外，中小企業也可以大學或研究機制合作技術開發、技術移轉或培育企業未來所需人才，例如睿澤企業與大學合作開發新技術，海德

魯材料與中山科學研究院及成功大學合作研發。

　　中小企業在運用合作策略時，需注意慎選合作夥伴，雙方應該要具相同的策略目標，彼此的資源能力互補，最重要的是要建立雙方彼此的信任，以確保聯盟能夠順利運作。

　　由於中小企業的資金較為不足，本書描述的策略聯盟個案大都屬於契約型聯盟，雖然可以契約做為規範雙方權利義務的基礎，其實最重要的是聯盟夥伴之間是否目標一致，彼此認為是可信任的合作夥伴。藉由合作夥伴的資源技術與協同合作，中小企業也可以結合彼此的資源，共同實現策略目標，而不會受到個別企業資源能力的限制，也可以降低風險，提高成功的機率。不過，在聯盟的運作管理上，合作夥伴之間需相互溝通協調，才能實現合作的目標，合作的利益分配與共享，也需要訂定清楚，以免傷害聯盟夥伴之間的信任或關係。

中小企業如何傳承接班？

　　在台灣經濟發展過程中，中小企業扮演重要角色，成千上萬的中小企業由創辦人白手起家努力打拚，讓過去台灣成為亞洲四小龍。不過隨著時光的流逝，第一代（或上一代）

　　經營者逐漸老化，家族企業如何順利交棒給第二代（或下一代）？第二代如何順利接班？如何永續經營及轉型發展？便成為許多中小企業面臨的重大議題。

　　本書描述了 17 家中小企業如何進行傳承接班的經驗，細讀這些傳承成功案例之後，可以學習許多寶貴的傳承接班的經驗與眉角，相信可讓同樣面臨傳承接班問題的中小企業經營者體認到傳承接班問題的本質，思考出自己的對策。

　　由於第一代（或上一代）創業家面臨的經營環境與企業內部情勢，與當前第二代（或下一代）已有非常大的差異，例如目前數位科技進展更甚以往，客戶的期待要求、產業競爭壓力及新一代員工的觀念與素質，也都與第一代有相當大的差異。其實中小企業第二代經營者面臨的不只是接班問題，同時也需因應如何提昇企業體質、制度建立及轉型升級等挑戰。

　　從本書個案經驗中，可以發現絕大部分第一代創業者期望第二代能夠接班，傳承家族事業，有些第一代創業者會耳提面命刻意栽培第二代，但有些則是潛移默化慢慢引導。不管如何，激發第二代接班的意願與承諾是第一要務。接著，第一代也需要讓第二代培養接班的能力，包括學識、人際互動、商場經驗、自家企業的技術或營運情況及產業領域知識。由於第一

代與第二代生長的時代背景不同，求學與工作經驗也不同，二代之間常會有意見不同或衝突產生，這都是無法避免的。在本書個案當中，可以發現第一代信任肯定第二代，放手讓第二代決策與承擔的重要性。同時，也可以發現第二代面臨接班重大的壓力與當前經營管理的挑戰，也需要被第一代同理，並且找到面臨同樣接班情境的同儕團體（第二代的聯誼組織）相互交流與支持，相互學習與成長。

　　除了得到第一代的認同與支持之後，第二代在接手公司經營之初，也會面臨到領導老臣與改革組織的問題。中小企業要永續發展，創新經營是中小企業吸引新世代人才加入與突破家族企業經營瓶頸的關鍵。從本書個案當中，可以看到許多二代經營者積極培養新世代的經營團隊、開發新產品或更新事業定位或營運模式，提昇產品的附加價值或更新品牌定位的努力。因此，二代傳承接班對中小企業來說，應視為企業轉骨的關鍵時刻；第一代經營者除了在適當時機放手讓第二代傳承事業基礎外，第二代也需要在原本的根基之上，結合目前新的市場機會、科技進展與產業生態，更新原本的策略定位與核心能耐，開創新的事業格局，家族企業才能永續經營。

結語

他山之石可以攻錯！您在閱讀了本書 46 家中小企業成功案例經驗之後，相信您對於中小企業如何數位轉型、如何進行策略聯盟與如何傳承接班，會有更深的瞭解。若您同樣也是中小企業的經營者，相信這些成功案例經驗，對於您未來的事業經營、創新突破、甚至轉型升級，極具啟示意義與應用價值！

推薦序

中小企業奮力求生的
關鍵故事

中租控股董事長 陳鳳龍

　　《中堅實力4》是中租控股秉持回饋中小企業的初衷，與台灣經濟研究院一同投入10年的中小企業研究成果，和商周出版攜手合作的又一力作。

　　中租控股於2012年委請台經院展開專題研究。運用學術研究角度，透過面對面訪問與近身觀察，分析台灣中小企業，歸納經營理念與發展策略，從歷史進程梳理產業脈絡，探究中小企業關心議題，提供第一線的實戰經驗，在商周出版的支持下，發行《中堅實力》系列書籍。

　　第一本《中堅實力：台灣中小企業的成長之路》，回顧中小企業的發跡，推進至產業聚落；第二本《中堅實力2：台灣中小企業的峰迴路轉開拓之道》，剖析中小企業求生

存，轉型開創出新格局；第三本《中堅實力 3：台灣中小企業邁向國際的致勝策略》，花了 3 年時間，探訪海內外台資企業國際化模式與策略，出版後，2020 年入選經濟部中小企業處「金書獎」，作為推薦閱讀的優良書籍。

　　這次面市的第四本新書，整理中小企業奮力求生的選擇，包括，數位轉型、人才傳承與策略聯盟等三大關鍵面向。

　　數位轉型，在新冠肺炎疫情的挑戰下，企業看似被迫尋求因應，實則加速資訊科技與數位轉型的腳步，改善工作流程，優化管理作業，提升效率品質，更進一步帶動市場與產品的數位化與智慧化，整合線上與線下，靈活經營模式，演化新商業模式，在面對疫後的新經濟型態，更顯重要。

　　人才優化，中小企業同樣面臨接班傳承的課題。人才，是企業經營的必要條件，重要的戰略資源，而人才培育更是持續成長不可或缺的。從留住員工至培育人才的制度，薪資福利、升遷管道到學習成長的機會，中小企業運用非營利機構或官方的實體學習課程，培育員工，提升專業知識與技能，任務指派，以實際歷練、經驗傳承，拔擢高潛力人才。

　　策略聯盟，麥可‧波特（Michael E. Porter）曾描述，「聯盟」是企業運用的過渡性方法，縮短學習過程，增強競爭力。本書進一步觀察台灣產業的發展，中小企業或運用價值鏈，

或與異業合作，從共同出資、相互持股，研發協議、授權代
工，或產線整合等方式，強化自身能力，更與同業合作，延
伸應用與服務，團體協同精進，發揮戰力，促進升級轉型，
取得更佳的競爭優勢。

　　《中堅實力4》囊括46家中小企業掌握關鍵面向的成
長故事，期待本書能為埋頭奮鬥的中小企業，提供他山之
石，也與關心中小企業的讀者們分享。

推薦序

從困境中變革的韌性

台灣經濟研究院董事長 王志剛

　　台灣經過半世紀經濟發展，產業持續升級轉型，台灣企業有9成以上都是中小企業，超過百萬家的中小企業為台灣經濟發展的磐石，也背負著未來產業轉型之舉足輕重的地位。隨著全球化、多元化、數位化等浪潮不斷推進，無論是大企業還是中小企業，企業間的競爭愈趨激烈，因此如何持續成長並朝向永續經營，是企業重要且艱鉅的挑戰。

　　近年來面對新冠病毒大流行之衝擊，全球經濟衰退幅度遠大於2009年金融風暴時期，疫情不僅讓整體企業經營環境風險加劇，也改變民眾的生活型態與消費模式，加速數位科技融入生活之中，使得企業對數位轉型的需求大幅攀升，這對於資源較少的中小企業衝擊更大，在瞬息萬變的競爭環境下，中小企業所面臨的挑戰將比以往更為多樣化，也更為

嚴峻。

　　由於我國中小企業大多以家族、家庭為主，過去第一代的創辦人努力奮鬥打下了台灣的經濟奇蹟，如今都已經或正陸續面臨創辦人年屆退休，需由下一代接手的情況。故在這充滿變動的時代，台灣的中小企業正面臨接班傳承挑戰的關鍵時刻，無論是家族的下一代或是專業經理人，不少企業普遍面臨後繼無人或找不到接班人的困境，使得企業難以永續經營，也關係到國家未來競爭力能否提升，企業接班已經是攸關未來發展的戰略性問題。

　　當世界各地的企業都在提升競爭力時，還留在原地不動的企業將面臨到更強大的市場競爭壓力，企業不能再像過去一樣單槍匹馬開拓市場，特別是中小企業更需要團體戰，中小企業受限於資源相對不足，更需要與其他廠商合作，尋求與同業或異業之間的策略聯盟，整合多方資源，節省成本、分擔風險，發展出更具競爭力的產品或技術，甚至開發新的市場，來因應未來諸多的挑戰。

　　正所謂「最壞的時代，也是最好的時代」，面對疫情壓力、數位轉型、企業傳承接班與競爭策略的困境，中小企業必須重新尋求一套轉型變革的方法。有鑑於此，本院與中租控股共同合作，針對台灣中小企業的數位轉型、策略聯盟與

接班傳承等面向之成功案例，分門別類地從不同企業的數位轉型模式、傳承接班策略、合作動機、目的與聯盟過程來分析，透過與企業主實地訪談的方式，了解我國中小企業分別在數位轉型、傳承接班與企業合作的發展情況。這本書前後耗費多年時間，付出相當大的時間與精力，本書歸納、分析46家中小企業在不同面向上成功的經驗。本書適合對於中小企業之數位轉型、策略聯盟與傳承接班等議題發展有興趣的朋友來閱讀，謹向各位讀者做高度推薦。

前言

台灣中小企業求突圍、尋存續與轉型新契機

台經院景氣預測中心主任 孫明德

　　自新型冠狀病毒（COVID-19）疫情爆發以來，徹底改變人們習以為常的生活模式，維持社交距離、實聯制、國境封鎖等現象，成為全球日常，促使「零接觸」經濟崛起，也為所有產業的既有營運模式帶來挑戰，特別是內需型服務業影響最為嚴重。在疫情期間，難以靠實體銷售接觸客群，為了應變，許多餐館業及飲料店業的中小企業紛紛加入平台或提供外送或宅配服務，利用電商及外送平台銷售產品和服務。在疫情威脅下，加速數位科技融入生活之中，迫使中小企業對數位轉型的需求大幅攀升。

　　從全球化競爭、人口老化、美中貿易戰，還有近期令人聞之色變的新冠疫情，一再打破既有的秩序規則，牽一髮而動全身，企業經營風險也大幅提升。在計畫永遠趕不上變化

的世界，台灣的中小企業經營者，如何求突圍、尋存續與轉型，才能迎來新契機？

中堅實力

　　自數年前起，中租控股與台灣經濟研究院攜手，共同進行台灣中小企業研究，旨在記錄並回饋中小企業，並探討中小企業的困境與突圍之道；除撰寫研究報告，更陸續在商周出版社出版《中堅實力》套書，嘗試讓成果普及化。

　　《中堅實力》首冊，堪稱台灣中小企業總論，簡述台灣中小企業在不同歷史階段的發展情形，與國內產業聚落狀況，內容涵括 15 家具有特色的中小企業。《中堅實力 2》，則解析台灣中小企業轉型，將驅動企業轉型的動力，歸納為「新趨勢、新需求、新競爭、新理念」4 者，並羅列 25 則成功轉型個案。

　　《中堅實力 3》，則以台灣中小企業國際化為主軸，聚焦在製造業，蒐羅了四大區（中國、泰國、越南、印尼）共 31 個案例的深度訪談，研析他們的國際化模式與策略差異，耙梳台資企業進行國際化時面對的問題與因應做法。

　　本書為《中堅實力 4》，分別以台灣中小企業的數位轉

型、策略聯盟與傳承接班為主軸。從不同企業的數位轉型模式、傳承接班策略、合作動機、目的與聯盟過程來分析，內容涵蓋 46 家國內中小企業在不同面向上成功的經驗。

中小企業的數位轉型程度仍低

根據 2018 年經濟部中小企業處進行的「中小企業數位程度調查」，在製造業的生產硬體設備上，不論廠商規模大小，皆以單機自動化的生產方式居多，比例高達 8 成以上，而採用智慧自動化生產系統的比例，則皆未達 6%；在製造業的生產管理軟體上，未滿 50 人製造業，以基本電腦軟體作為主要或其中一種管理方式的比例最高，比例高達 7 成以上，而 50 人以上的製造業，則使用專業 ERP 系統的比例最多，然而不論廠商規模大小，結合 IoT、AI 或虛實系統整合的比例，皆不到 2.5%，顯示出台灣中小企業在數位優化速度上較為落後。

就本研究訪談的中小企業來看，約有一半比例的廠商，為初步開始落實規劃或是已投入實驗性的導入數位轉型，僅有少數的廠商已經進入數位轉型階段，認為數位轉型已對公司帶來巨大轉變，並且創造出明確效益。

疫情加速數位轉型

　　近年來，新冠肺炎疫情的危害，突顯出 IT 和數位轉型的價值，一場全球疫情，除了重創經濟，更改變了全球的生活型態。英國《經濟學人》指出人們被迫居家隔離，過去如上班、上課、健身，甚至演唱會等須外出的活動，現在居家也能享受，疫情已讓影音串流、網購、外送平台成為生活的一部分，迫使許多產業必須跟著轉型升級，才能跟上被疫病改變的經濟型態。

　　此次疫情提高了企業遠端協同工作的能力，讓員工更認可數位轉型與 IT 技術的重要性，這次疫情不只漸漸消除過去企業公認的傳統數位轉型障礙，如員工對變革的抗拒及技術不成熟等阻力，也提高企業對於產業升級的意願。根據戴爾（DELL）於 2020 年 12 月公布《2020 數位轉型指數》調查報告指出，全球各地企業受到 COVID-19 疫情影響，正積極推動數位轉型，2020 年高達 8 成的企業加速進行，同時約有 79% 的企業重新擬訂其商業模式，以往需要花上數年的轉型工作，如今因疫情加劇反而促使數位轉型的腳步加快完成。

數位轉型成功關鍵在於企業主決心與循序漸進

　　一般而言，企業負責人和其他高層管理人員致力於大規模變革的重要性。然而，僅單憑承諾是不夠的。公司還必須讓相關中階幹部參與數位轉型計劃的規劃和執行，以確保他們認同目標和戰略。整體而言，數位轉型是由「上」而「下」過程，從最高決策者開始宣誓轉型，高層支持才是真正影響數位轉型成功與否關鍵第一步。領導轉型的人必須站在第一線，不是交給 IT 人員，要負責帶隊前進，加上轉型過程中往往需要跨部門整合，但各部門主管可能因為本位主義而不願意配合，這需要企業領導人的高度參與才能解決。

　　此外，在中小企業資源有限條件下，數位轉型應有選擇性，並設定優先順序。尤其建議較具規模的企業，先進行小型，且易見成效的項目，以此形成正向循環，取得內部共識，較易成功。另外，企業是否自行投入資源，或由外部協助，則需視其是否為企業未來必須自行掌控的核心部分。若不然，可請求外部資源的協助。

我國中小企業傳承準備仍顯不足

　　台經院過去曾於 2017 年針對我國中小企業傳承的議題
與現況進行調查，發現多數企業傳承的準備嚴重不足，不僅
高達 8 成比重的中小企業公司決策者仍是創辦人，僅約 1 成
多之企業有傳承之經驗，遠低於整體中小企業在成立年數或
雇主老化的比重。另外，特別針對企業主在 60 歲以上者，
更發現仍高達 44.13% 未進行任何傳承規劃，著實令人擔憂。
此外，台經院的調查更進一步詢問中小企業目前是否正在進
行傳承行動，結果發現約 6 成（60.39%）企業表示目前無
傳承的規劃，且其中僅有極少數（6.05%）的中小企業是因
為對未來產業發展前景不看好而不打算繼續經營傳承。

中小企業經營者較偏好由下一代接班

　　企業要永續經營與發展，有賴於不斷地人才發掘並培育
出卓越的接班人，以肩負經營重任，傳統上，台灣家族企業
的接班模式通常採「子承父業」居多，不過也不是每間企業
都這樣做，因為企業創始者的下一代不必然對自己家族經營
的企業有興趣，所以使得企業創始者需要另尋專業經理人來

接班。為了企業永續經營考量，企業無人接班經營權，自然得尋找或培育專業經理人，若未提前規畫，後繼無人，恐面臨技術流失問題，將成為企業傳承的一大隱憂。一般而言，家族企業經營規模愈大愈仰賴專業經理人的專業經營，股權參與是家族企業吸引外部人才的重要手段，營收規模愈大的家族企業因為經營的複雜性而愈加仰賴專業經理人的專業經營能力。故中小企業較少選擇專業經理人來接班。

就本研究所訪談之中小企業，有 8 成 5 左右的企業主目前是考慮由家族成員傳承接班，顯示國內中小企業仍是以家族傳承接班為主要考量模式。若就接班人在參與家業前是否有從事其他工作來看，接班人在接班前有從事其他工作的比例約占 6 成 7 左右，接班人在畢業後就直接參與家業比例只有 3 成 3，顯示約有 3 分之 2 比例的中小企業的接班人一開始並沒有接班打算。

中小企業合作求突圍

全球經貿環境日益嚴峻，國內企業單靠一己之力，難以繼續競爭優勢。加入或促成產業群體戰，是提升產業競爭力、進入新興市場的最佳途徑之一。在洞悉經貿情勢、掌握

產業動態之餘，經營者必須以共享、信任的態度並堅持信念，放下本位主義與聯盟夥伴併肩作戰，才能走出單打獨鬥的經營困境，再創另一個天空。

就本研究訪談的中小企業案例來看，中小企業打群架的模式來看，有21.5%的比例屬於合資式合作，合資是指合作雙方各出某一比例的資本，成立新的事業體，共同經營新創事業的一種合作模式，包含併購與股權聯盟，其中併購策略僅占3.6%，股權聯盟則占17.9%。拜訪廠商中有78.5%的比例屬於契約式合作，其中供應鏈整合策略占64.2%，比例最高，當中又以單一企業共同合作的比例較高（46.3%），屬於異業結盟的則占14.3%。

就中小企業合作之動機來看，主要是以策略驅動之方式，占比64.3%，策略驅動包含新產品／技術開發、克服法令限制與貿易障礙。其次是學習驅動（21.4%），企業透過合作的方式，以學習對方的組織藉此維持本身競爭地位，節省學習摸索的時間與成本，以最快的速度進入市場，並加速提高市場占有率。最後才是成本驅動（14.3%），由於龐大的投資額亦使得企業必須負擔高額的投資成本與風險，再者降低或穩定許多關鍵性零組件或是營運資源亦是降低企業運作不確定性的方法，因此企業必須設法穩定這些要素來源之

穩定性，透過策略聯盟，個別企業可以降低投資風險，甚至防止企業營運中斷之危機。

中小企業難以成立規模較大的策略聯盟

中小企業夥伴之間相互調適、建立緊密關係，合作關係又能適應環境的變遷，調整經營策略，是策略聯盟成功的兩項關鍵因素。然而規模較大的策略聯盟在中小企業並不常見，主要原因在於中小企業業主自主性較強，且認為已有同質性高的公協會協助，故參與意願不高，加上國內產業間聯盟大多為政府政策所輔導，任務性質居多，故多偏向於短暫性合作。

台灣中小企業該如何開創新局

在此，特別提醒讀者的是，國內中小企業進行數位轉型、策略聯盟與傳承接班規劃，困難度遠高於大企業。本書訪談的中小企業，都是一些值得參考的成功案例。本書實地訪談國內 46 家在數位轉型、傳承接班與策略聯盟成功的中

小企業案例，一一分析其動機、模式與困境，無論你是想創新變革，還是突破困境，這些範例都極具參考價值，也可以提供一些中小企業進行自我提升，並創造自我優勢以達永續經營之目標方向邁進。

Chapter 1

數位轉型

01 | 數位領先者 >>
海陸家赫

教客戶網路下單並建 IoT 油品預警系統，讓庫存更好備

企業進行數位轉型，同時得扭轉企業文化；在徵聘新血時，優先選用數位能力較強的應徵者，強化組織對數位轉型的共識。

　　第二代接班，是企業進行數位轉型的最佳契機。海陸家赫在第二代曾煥龍掌舵後，導入數套數位化作業系統，僅花了約 4 年，就讓企業年營業額大幅成長，從約 7,000 萬元，成長至近 4 億元，堪稱最佳範例。

　　嚴格地說，曾煥龍既是企業第二代，又是企業第一代。1982 年，他的雙親創立海陸，從事防鏽油、滑道油、液壓油、水性切削液、油性切削油等工業用油的產製與銷售，也是日本松村石油的台灣總代理商。2008 年，曾煥龍自行創立家赫，開創中南部市場；2015 年，他接手家業，才將兩家公司合併為海陸家赫，並增售廢液處理設備等產品。

以數位工具根治長期痛點

　　「在工業用油供應鏈，海陸家赫屬基層廠商。在我接班時，最急迫的問題是，如何增進訂單的準確度，解決插單、急單造成的困擾。」曾煥龍解釋，插單、急單會擾亂海陸家赫的物流體系，他運用「Salesforce 客戶關係管理系統」，從源頭解決問題，並化被動為主動，同時根治高庫存等長期「痛點」。

　　插單、急單的根源，為客戶未注意油量；待油品即將用罄時，才急催海陸家赫補貨。效法王永慶賣米時的策略，在每個油桶加裝感應器，當油桶內的油品將見底時，會主動發送訊息至海陸家赫；每個星期一，海陸家赫都會收到「已經預警」與「即將預警」的客戶清單，主動提醒這些客戶下訂。

　　此舉，曾煥龍徹底解決長期困擾海陸家赫的插單、急單問題，將庫存量降至昔日的 6 成。接著，他思考如何應用數位工具，在不增聘人力的前提下，提升海陸家赫的業績。於是，他決定拉抬客戶網路下訂的比例；初期，在 3000 多家客戶中，僅約 1% 採線上訂購，但比例逐年提高，2019 年已達 13%，2020 年可望達 16%。

　　「以前，客戶下訂油品，不是找業務，就是打電話，甚

至直接跑來海陸家赫的辦公室。」曾煥龍感嘆地說，如此同時浪費彼此的時間、人力，訊息傳遞亦容易出錯，但要改變客戶的下訂習慣「只能慢慢來」，「目前，35 歲至 45 歲的女性採購人員，是網路下訂的主力。」

手把手教導客戶網路下單

海陸家赫的訂貨系統，猶如電商企業的購物系統；最大的差別在於，後者是 B2C（Business to Customer），前者是 B2B（Business to Business）。當客戶透過海陸家赫的訂貨系統下單，按下確認鍵後，一如在電商網站購物，客戶在 10 秒後，即可收到訂單成立的訊息；優點是隨時、隨地都可下訂，訂單準確度更高。

不過，曾煥龍也深知，「培育客戶的過程，相當冗長」，數位訂單推動速度緩慢，「原因甚簡，因為海陸家赫的客戶，多數企業主出身黑手，對數位化較陌生、較猶豫」海陸家赫有時還得派遣專員，「手把手」教導客戶，「海陸家赫也提供優惠，鼓勵客戶網路下單」。

「我一直嚴格控管海陸家赫的員工人數，盡量不超過 50 人。」曾煥龍直言，當他發現海陸家赫現有人力，已難

以負荷不斷增加的業務量時，就會召開流程優化會議，討論以數位工具調整、簡化流程，消弭人力需求，「經持續簡化後，已將流程從 400 多道工序，降低至 180 道工序，效率大增。」

海陸家赫產品，原本 100% 內銷；在曾煥龍將產品資訊，翻譯成多種語言版本，並張貼至不同國家網站後，陸續收到來自海外的訂單，以購買特殊油品、廢液處理設備為主。當下，海陸家赫外銷比例已增至約 10%，且緩步增加中；特殊油品已銷至日本、波蘭、伊朗、墨西哥、哥倫比亞等國，廢液處理設備則銷至越南、印度、泰國等國。

大幅縮短開發新訂單時間

「與國外客戶聯繫，主要透過 IG、Twitter，與台灣客戶聯繫，主要透過 Line、FB，我在 Line 上的友人數，超過 8000 人。」曾煥龍透露，他會透過這些社群軟體，發送海陸家赫的產品訊息，再依據點擊狀況，挖掘潛在的客戶，「之後，再透過網路確認潛在客戶的真正需求，與關鍵決策者可接受的價位。」

海陸家赫也會根據潛在客戶瀏覽官網的時間，評估其對

產品的瞭解程度，並補發電子郵件，加深他們對產品的認識，再請業務電話聯繫，確認其第一選擇與第二選擇。經此，當海陸家赫業務拜訪潛在客戶時，因已完成前置作業，可立即進行報價、簽約，將開發新訂單的時間，從 20 天縮短至3 天。

經其他企業第二代的建議，與持續摸索、嘗試，曾煥龍已為海陸家赫裝置 4 套數位作業系統，包括 ERP（Enterprise Resource Planning，企業資源規劃）系統、WMS（Warehouse Management System，倉庫管理）系統、CRM（Customer Relationship Management，客戶關係管理）系統，與數位人資作業系統。

「而在進行產品研發前，我會運用社群聆聽（social listening）工具，獲悉產業趨勢，謀定而後動。」曾煥龍直言，不少中小企業主事者倚賴經驗、直覺，一旦有新的發想，未經任何調查、研究，即決定投入研發，「誤判案例實屢見不鮮，若能善用數位工具，將可有效降低誤判率！」

正擘建全自動無人生產線

「企業進行數位轉型的關鍵，在於企業主敢不敢冒險。

其實，我失敗的經驗，實不勝枚舉。」曾煥龍觀察，在台灣中小企業中，非但大多數企業第一代不敢涉險，許多企業第二代也對此徬徨、觀望。於是，他與幾位主導數位轉型有成的企業第二代，合組「台灣數位企業聯盟總部」，協助中小企業數位優化與數位轉型，不必像以前的他一樣，只能摸著石頭過河，且戰且走。

企業進行數位轉型，同時得扭轉企業文化；他在徵聘新血時，優先選用數位能力較強的應徵者，強化組織對數位轉型的共識。倘若企業內部未達成共識，數位轉型將流於形式，只學到皮毛，效益相當有限。

未來，曾煥龍不僅想衝高油品、設備的業務，更計劃販售服務，「海陸家赫除了售後服務，也提供售前服務、售中服務」，協助客戶監控所有流程，不讓環境汙染環境，以延長設備的使用年限，「但台灣客戶無法接受服務收費，只能先從日本客戶試行，海陸家赫現正擘建一條全自動的無人生產線，期可成為台灣油品業數位轉型的標竿！」

海陸家赫小檔案

創立：1982 年

董事長暨創辦人：黃美玲

總經理：曾煥龍

產業別：工業用油、廢液處理設備

地點：台中市潭子區

數位轉型心法：運用「Salesforce 客戶關係管理系統」，並在每個油桶加裝感應器，解決插單、急單問題，以優惠激勵客戶網路下單，並將產品資訊翻譯成不同語言版本，張貼至不同國家網站，以吸引海外訂單。裝置 ERP、WMS、CRM 與數位人資作業系統，運用社群聆聽工具，獲悉產業趨勢，再進行產品研發。

02 | 數位領先者 >> 新呈工業

親力親為建置伺服器、資訊系統，
費時 15 年數位轉型工作流程

無論數位賦能、數位優化，或數位轉型，因涉及組織結構、
工作習性的重大變革，都得由企業主親自執行、監管。否則
縱使再三宣示，效果依然有限。

　　嚴格地說，多數中小企業雖號稱投入數位轉型，但其實
僅停留在數位賦能、數位優化階段，如新呈工業般，透過數
位化，發展出新的商業模式與新的利基產品，真正進入數位
轉型階段者，實屬鳳毛麟角。

　　新呈工業創立於 1990 年，專營各類線材，生產的線材
超過 3000 種，涵蓋範圍小至筆記型電腦的線材，大至汽車、
遊艇的線組，與高度專業的軍用、醫療用線組。在 2004 年，
創辦人暨董事長陳星天的兒子、現任總經理陳泳睿，到新呈
工業任職，啟動了新呈工業從數位部署、數位優化到數位轉
型的漫長奮戰。

企業數位化才能吸收新血

　　自幼熱愛學習電腦相關知識、技術的陳泳睿，退伍後先到軟體公司上班，6 年後，才返回新呈工業。他坦承，剛踏入新呈工業時，公司內根本沒有資訊人員；因此，連數位化的基礎工程，如架設伺服器等，都是由他親力親為。

　　當下，新呈工業約有 170 名員工，設有財務部、業務部、品保部與智慧營運部等 6 個部門；其中，智慧營運部正是陳泳睿數位部署的具體成果。但陳泳睿強調，「無論數位賦能、數位優化，或數位轉型，因涉及組織結構、工作習性的重大變革，都得由企業主親自執行、監管。否則縱使再三宣示，效果依然有限。」

　　陳泳睿分析，新呈工業從數位賦能到跨入數位轉型階段，費時長達 15 年。數位賦能自他回新呈工業任職，直到 2013 年，數位化基礎工程才完成建置，步入數位優化階段；到了 2019 年，新呈工業跨足研發、銷售廠房數位監測系統，終於晉升至數位轉型階段。

　　「新呈工業數位化的速度頗為緩慢，到我 2017 年正式接班後，速度才加快。」陳泳睿認為，中小企業數位賦能、數位優化的目的，不僅在於簡化流程、撙節開支，更為了吸

引新血，畢竟現在許多年輕人「是抱著平板長大的」，「一切聯繫都透過電話、所有文件都使用紙本的企業，對他們毫無吸引力。」

透過數位化降低內部爭執

數位化潮流不斷「後浪推前浪」，陳泳睿強調，他與新呈工業仍持續學習新知，避免落後於潮流，與年輕世代有代溝，「先前，我發現 Google、FB 使用者，已多是中、壯年人，年輕世代搜尋資料的首選已是 YouTube。因此，新呈工業日後將多拍攝影片，貼近最新的行銷潮流。」

返回新呈工業，陳泳睿先擔任資訊人員，再轉任業務人員。早期，新呈工業業務人員開發新客戶都是先翻閱電話簿的黃頁，再逐家登門叩訪；但此法失敗率甚高，陳泳睿改採關鍵字行銷，省下可觀的時間、人力。

歷任不同基層職務，陳泳睿察覺，「業務、廠務經常吵架」，原因在於，新呈工業往來客戶超過 300 家，光是與客戶聯繫、與廠務確認，就占據業務大半的時間，加上產品品項眾多，客戶負責層級各異，「因溝通事務繁瑣，易起衝突」。為此，陳泳睿親自寫了一套程式，將作業流程透明化，

終於降低內部衝突發生的機率。

　　然而,陳泳睿光是將此套程式,在新呈工業內施行「就溝通、奮鬥了許久」,因為「各部門在繳交資料、打字也頗為辛苦」;可喜的是,內外聯繫數位化施行後,「員工要打的電話變少了,吵架也變少了」。

智慧排程派工系統效率高

　　此後,陳泳睿逐步導入 MIS(Management Information System,管理資訊系統),且為加速新呈工業的數位化,並避開兩代間的爭執,更自掏腰包且貸款,另行創辦科技公司,特別以新呈工業為實作場域,將人工智慧與物聯網技術導入公司生產流程,領先同業打造工業 4.0 智造平台,不但能雲端接單、業務與文件流程自動化,也能即時偵測機台運作與人力作業狀況,提高營運效率;待新呈工業數位化已見成效,內部阻力已消弭,才成立智慧營運部,將科技公司的人員,移轉至新呈工業。

　　「新呈工業的作業流程逐步數位化。現在,連派工單都是由智慧排程派工系統自動安排、發送,不僅可整合客戶的所有資料,還可隨時視狀況調整排程。」陳泳睿自豪地說。

　　「派工單隨時調整，優點在於若有機台、人員提早完成工作，可立即支援其他機台、人員，讓資源發揮最大效益。」陳泳睿透露，新呈工業運用導入人工智慧的數位工具，擷取機台數據，並進行智慧排程；更於智慧營運部，建置數位戰情室，「在數位戰情室的數位儀表板上，廠內所有數據一目了然，有利於制定管理決策。」

　　除此，新呈工業亦應用人工智慧技術，開發雲端報價系統。當客戶下單後，雲端報價系統隨即生成報價表單，再經由新呈工業的 ERP 系統、智慧排程派工系統，排定生產時程，效率遠高於競爭對手。

　　因為產品品項眾多，陳泳睿現正致力建構產品數位資料庫，以縮短查詢時間，「有時，客戶並不知所需產品的正確名稱、型號，就算傳照片來，連新呈工業的資深員工也不一定識得。如果翻閱目錄，仍無法快速獲得答案，客戶就可能轉頭向其他賣家洽詢！」

從製造業跨足數位服務業

　　陳泳睿為協助其他中小企業數位化，強化其競爭力，並為新呈工業開闢新財源，智慧營運部正陸續開發偵測溫度、

溼度、酸鹼度的 APP，「可適用於大多數勞力密集產業，特別是一站接一站作業的企業」。

在可見的未來，陳泳睿更將建置 AR（Augmented Reality，擴增實境）、VR（Virtual Reality，虛擬實境）系統，讓客戶可透過網路，察看新呈工業的生產狀況，「一如餐廳將廚房透明化，讓食客吃得安心。」

「當然，新呈工業在數位化過程中，不乏失敗的經驗；合計歷年來數位化投資，應超過 2,000 萬元。」陳泳睿直言，「大多數中小企業，連 200 萬元都嫌貴」，故新呈工業將推出自行研發、價格低廉的 MES（Manufacturing Execution System，製造執行系統），更可採訂閱制，激勵其他中小企業啟動數位化工程。

新呈工業小檔案：

創立：1990 年

創辦人暨董事長：陳星天

總經理：陳泳睿

產業別：線材

地點：新北市汐止區

數位轉型心法：無論數位賦能、數位優化，皆由企業第二代陳泳睿親自執行、監管。陳泳睿撰寫了一套程式，將作業流程透明化，成功降低內部衝突發生的機率，並運用導入人工智慧的數位工具，擷取機台數據，進行智慧排程，可視實際情況，隨時調整派工單。未來，新呈工業將陸續推出監測 APP，與採訂閱制的 MES，開拓新的收益來源。

03 | 數位領先者 >>
彬騰企業

以電商、社群行銷打對族群，
進軍國際化

數位轉型之路，並非一蹴可幾；彬騰企業先投入產品的數位化，將作業流程數位化，再大力推動數位行銷。

對大多數人而言，號稱可「萬物聯網」的物聯網，仍停留在「只聞樓梯響、不見人下來」的階段。然而，彬騰企業已將物聯網揭櫫的夢想，化為生活中的現實，所生產的智慧窗簾、家庭自動化系統等多項產品，已揭開智慧建築、智慧家庭的序幕。

彬騰企業創辦於 1989 年，總部設立於高雄市岡山區。第一個 10 年，彬騰企業的主力產品為遙控器；第二個 10 年，智慧窗簾躍居王牌產品；第三個 10 年，積極研發智慧控制產品。當下，彬騰企業將迎接第四個 10 年，致力研發智慧建築相關產品。

因緣際會踏上數位轉型之路

　　董事長暨創辦人之一的吳榮富指出，彬騰企業數位轉型始於 2009 年，從整合門、窗、燈光控制技術著手，切入智慧家庭產品市場，「當時，彬騰企業受邀開發智慧窗簾，計劃售予某日本商社。雖計畫趕不上變化，彬騰企業未能在當時進軍日本市場，但也發現智能產品的巨大商機。」

　　「而且，先前我曾參加多次大型國際會展，常不解彬騰企業產品品質精良，到攤位探詢的客戶卻不多，隔壁攤位廠商的產品卻人潮洶湧。」吳榮富回憶道，了解後發現，隔壁廠商官網內容豐富、引人入勝，協助客戶迅速認識產品的特性。此後，他毅然率領彬騰企業踏上數位轉型之路。

　　數位轉型之路，並非一蹴可幾；彬騰企業先投入產品的數位化，將作業流程數位化，再大力推動數位行銷。彬騰企業相繼推出電動推窗機、皮帶式電動窗簾、電動天窗簾、電動燈窗簾、電動蜂巢簾等產品，執行經濟部 SBIR（Small Business Innovation Research，小型企業創新研發計畫）的「電動智能日夜簾開發計畫」，並將品牌英文名更名為 BINTRONIC，全力衝刺國際市場。

　　電動產品與數位產品的差別，在於前者僅能單向地接收

指令，後者不僅可與使用者雙向溝通，還可查知外在環境變化，自動調整成最適合使用者的狀態。例如，彬騰企業產製的智慧窗簾，可透過 WIFI、紅外線與定時控制，實現自動化，並運用大數據分析，計算太陽的確切位置，與陽光照射角度，自動調整窗簾至合宜的高度、角度，讓陽光灑進戶內；使用者只要開啟部分照明，即可補強室內亮度。

智慧窗簾可與二大系統對接

如此，在有陽光的日子，使用者不必緊閉窗簾，卻又大開室內照明，無法享受日照，又浪費電力；智慧窗簾不僅適用於一般住家，更是飯店、民宿、餐廳、溫室、商辦、廠辦的節能利器。彬騰企業產品的特點，在於可與 Apple 的 iOS、Google 的 Android 兩大智慧型手機作業系統對接；使用者透過智慧型手機，即可操控智慧窗簾，還能透過 APP，檢視智慧窗簾的開啟情況。

智慧窗簾的優點甚多，不僅節能、省電，降低空調使用量，免去使用者開關窗簾的時間、精力，加上採用無繩化設計，並通過安全認證，若用於住家，更可確保兒童、寵物的居家安全。目前，彬騰企業共生產 10 多種智慧窗簾，並提

供客戶客製化服務。

今日，在智慧家庭眾多相關產品中，普及率最高者，當屬智慧燈具，全球現已有數百家生產商。而智慧窗簾生產商僅有 6 家，彬騰企業是唯一的台商，亦是唯一完成與 Apple 的 iOS 系統直接對接的廠商，產品已獲諸多豪宅、大企業採用。

目前，彬騰企業的行銷費用，數位行銷的比例已增至約 75%，長期耕耘 IG、Facebook、YouTube 等社群平台，並購買廣告，每個月皆在網路搜尋引擎上，投放新的關鍵字，且持續分析數位行銷績效，以期精益求精。

加入阿里巴巴平台致力外銷

數位行銷易學難精，若不檢討成效，投下的錢將如泥牛入海，毫無成效。彬騰企業平均每個星期，就會盤點官網的瀏覽率、跳出率，與累積的點擊數、轉換率，並觀察網路使用者網頁登入、登出，再根據分析結果，調整官網。

原以台灣市場為主的彬騰企業，也藉數位行銷，開拓國際市場。吳榮富直言，「昔日，彬騰企業參加大型國際會展，頂多接觸 20 多個國家的客戶」，但透過電商平台，如加入

阿里巴巴，卻可滲透進 200 多個國家，效率遠高於參加會展，「現有交易紀錄的，已有 40 多個國家」。

目前，彬騰企業產品內銷比例仍高達約 90%，外銷僅約 10%。吳榮富期許，未來內外銷比例可以反過來，「畢竟，台灣市場實在太小，南部資源亦不足。因此，從 2018 年起，彬騰企業大舉投入數位行銷，強化英文內容，以期打開國際市場。」

吳榮富坦承，彬騰企業數位轉型的最大障礙，在於原有員工也得跟著數位轉型，從零學習數位化相關技藝，如攝影、拍片、剪接、主持等；同時，也逐步召募具數位化經驗的人才，強化數位化力道。

智慧建築、智慧家庭成風潮

2020 年，受到新冠肺炎為禍全球的影響，大多數實體國際會展被迫暫停，但網路國際會展隨之勃興。例如，中華民國對外貿易發展協會（Taiwan External Trade Development Council, TAITRA）便組織台灣廠商，參與網路國際會展，彬騰企業也曾受邀；此時，彬騰企業先前的數位化努力，有了最佳表演舞台。

　　「在可見的未來，智慧建築、智慧家庭必將蔚為風潮，智慧窗簾與其他智慧家具、智慧家電，都將是標準配備。」吳榮富強調，台灣中小企業若不數位轉型，將是「死路一條」，但投入數位轉型，並非只是添購軟、硬體設備，一定得用心經營，才能讓數位化發揮最大效益。

彬騰企業小檔案：

創立：1989 年

創辦人暨董事長：吳榮富

產業別：窗簾、遙控器

地點：高雄市岡山區

數位轉型心法：從整合門、窗、燈光控制技術著手，切入智慧家庭產品市場，先投入產品的數位化，將作業流程數位化，再大力推動數位行銷。長期耕耘 IG、Facebook、YouTube 等社群平台，並購買廣告，每個月皆在網路搜尋引擎上，投放新的關鍵字，且持續分析數位行銷績效，以期精益求精；並加入阿里巴巴平台，成功開發 40 多個國家的客戶。

04 | 數位學習者 >>
博洛嘉國際

創業即打造高度數位化，以雲端系統簡化所有行政庶務

創業者更應採用數位工具，以大幅降低財務負擔。楊繹頡直言，「假設未高度數位化，光是應付雜事、瑣事，就足以累垮創業者。」

當許多中小企業還在煩惱如何進行數位轉型時，專事販售美國健康食品的博洛嘉國際，早已將數位化全面落實於每一個環節；因此，當下雖僅有 3 名員工，卻可完成產品的進、銷、存與出貨作業，展現驚人的競爭力。

博洛嘉國際創辦人暨董事長楊繹頡回憶，10 餘年前，他於捷元電腦任職時，便曾協助公司數位轉型，且成效斐然。故在創業時，他即致力使用各種數位工具，且持續深化數位化應用，簡化雜事、瑣事與行政庶務，讓員工專心於主力業務，工作、獲利效率皆遠高於一般企業。

創業時儘可能使用數位工具

「21 世紀初，捷元電腦仍採人工接單，並在各縣市，聘僱了 100 多名業務，服務 6000 多家電腦門市。」楊繹頡指出，因捷元電腦主要客戶為經銷商，公司希望能夠擘建一個 B2B 網站，縮減行銷流程，但總是礙於保密問題遲遲無法獲得成效；他提議更說服經濟部商業司，擴大工商憑證使用範圍（由 G2B 增加了 B2B），「此網站營運後，工商憑證發行量從 1000 多張，增至 6000 多張，年度效益超過 2 億元，更為捷元電腦省下約 3 分之 1 的人力。」

楊繹頡兒子在美國出生時，讓他看見了新的商機，在心田中埋下了創業的種子。當時，許多同事託他在美國購買健康食品，再攜帶回台。於是，他開始研究、調查台灣健康食品市場，發現健康食品單價不貴，利潤卻高達 30% 至 50%，若干國人更獨鍾美國健康食品，商機相當豐厚；遂以販售美國健康食品水貨（即 parallel import，平行輸入貨品），作為副業。

不久後，楊繹頡決定離職，成為專營美國健康食品的個體戶；1 個月的營業額，即可達 70 萬至 100 萬元。2019 年，他創辦博洛嘉國際，從個體戶擴大成企業並取得美國知名一

線品牌普瑞登（Puritan's Pride）台灣獨家代理；自租賃辦公
室起，他便盡可能地以數位工具取代人力，將人力需求降至
最低，堪稱新創企業數位化的典範。

一般企業必買打卡機、傳真機、電話總機、電腦主機等
設備，但在博洛嘉國際的辦公室裡，完全不見其蹤影，僅有
1台雲端主機。楊繹頡解釋，「博洛嘉國際員工進出辦公室，
憑藉指紋門禁機，出、缺勤紀錄在雲端系統一目了然，不必
再費心整理打卡單，傳真機、電話總機、電腦主機等，都改
採雲端系統。」

高價的數位工具不一定適用

許多中小企業負責人苦惱，光是衝刺業績都深感心力
交瘁、時間不足，卻還得費神處理諸多瑣碎的庶務。楊繹
頡語氣輕快地說，「採用雲端的企業 EIP 系統（Enterprise
Information Portal，企業資訊入口網站），博洛嘉國際的經
理還可同時兼任人資、會計、出納、總務等職務，且不會出
錯，一般企業還得聘僱專人，且得不斷重複驗算。」

不同的雲端企業 EIP 系統，收費相差懸殊，有的 1 個月
收費數千元，有的 1 個月收費僅 300 多元。楊繹頡認為，「夠

用就好，價格高的也不一定適合，等待企業擴充規模後，再升級至更高階的軟體」，博洛嘉國際現雖採用最低價的軟體，已可應付一切庶務，此軟體還內建各式簽呈與薪資、勞健保試算表，還聯結至智慧型手機的 APP，即便是小企業，卻從計算出缺勤、當月勞健保到發出薪資，員工自動收到 APP 及 Email 薪資通知，只要不到 30 分鐘、一個人操作即可完成，為公司省下可觀的人力、時間，「創業者更應採用數位工具，以大幅降低財務負擔！」楊繹頡直言，「假設未高度數位化，光是應付雜事、瑣事，就足以累垮創業者。」像是只要是合法企業均須開具發票，而博洛嘉國際目前平均1 個月開立 700 多張發票，若開立紙本發票，不知得耗費多少時間、精神，「開立電子發票，省時又省力！」

享受便利時當留心潛在風險

「博洛嘉國際規模雖小，但數位化程度，卻超過許多標榜數位化的外資企業。」博洛嘉國際總經理劉梅芳強調，她曾在數個產業中任職，也待過台資企業、外資企業，發現大多數企業都在進行數位轉型，但「很多企業只做半套」，「昔日，中小企業數位化門檻甚高，但今日數位工具種類齊備、

價格低廉，數位化並不困難。」

　　楊繹頡逐筆計算博洛嘉國際的數位化成本，統籌人資、財會事務的企業 EIP 系統結合門禁指紋機，每月收費 300 餘元；為他省下可觀鉅額越洋電話費的自建雲端總機，月費不到 500 元，「最昂貴的數位化支出，是委託電腦工程師客製數位化產品的進、銷、存系統，每月約 1 萬元。」

　　「小公司使用市面上的套裝軟體，應可應付大多數事務，唯有特殊需求，再委外客製即可。」楊繹頡加重語氣說，當企業擴充規模後，隨時得檢視數位工具是否不足、不適，而中型以上的企業為確保資訊安全、營運正常，就得自製或委託客製若干數位工具，「大型的軟體作業系統，建置費用可能高達上千萬元。」

　　高度數位化，雖讓博洛嘉國際發揮以一當三的戰力，但楊繹頡直言，在享受便利同時，也得留心潛在風險。他略帶無奈地說，博洛嘉國際事事仰賴雲端系統，一旦雲端系統發生問題，營運就得停擺，有些數位工具雖「不甚合身」，或有若干缺陷，但受限於資金，只能遷就使用，「既是遷就，就得特別注意風險」！

數位轉型關鍵在企業主決心

　　為了避險，楊繹頡特別將博洛嘉國際的雲端總機，建置在 Google Cloud Platform（Google 雲端平台）中，將風險降至最低。他也提醒，企業主一定得備份所有資料，畢竟前車之鑑屢見不鮮，網路商、系統商或代理商，都可能倒閉或中止服務；若無預防措施，當網路商、系統商或代理商出事時，損失將頗為慘重。

　　「企業可否成功數位轉型，關鍵在於企業主的決心。」楊繹頡希望在可見的未來，博洛嘉國際員工數可成長至 16 人，且開設實體店面，在 Facebook、Instagram 等大型社群網站中「下廣告」，並經銷、代理更多的健康食品品牌。

博洛嘉國際小檔案：

創立：2019 年

創辦人暨董事長：楊繹頡

產業別：健康食品經銷

地點：新北市汐止區

數位轉型心法：辦公室的傳真機、電話總機、電腦主機等設備，皆改採雲端系統，以指紋門禁機記錄員工的出、缺勤，EIP 系統整合處理包括人事、總務、財務會計等工作，並委託電腦工程師將產品標籤數位化，客製數位化進、銷、存系統。銷貨仰賴自家官網，與蝦皮購物、Yahoo! 拍賣、露天拍賣等網站，且主打購買網路搜尋引擎關鍵字等行銷策略。

05 | 數位學習者 >>
恆智重機

3D 列印、導入工作流程雲端系統，
國際市場上接單，更助客戶數位化

每年提撥營業額的 4%，持續進行數位轉型，如強化製造、維修的數位化。

日前，因股價飆漲，美國電動車大廠特斯拉（Tesla）執行長馬斯克（Elon Musk）的資產總值，已超越微軟創辦人比爾 · 蓋茲（Bill Gates），成為世界第二富豪，也讓許多人更看好電動車的前景。

然而，少有人知曉，台灣發展電動車的歷史已逾 30 年，產品更行銷各大洲；其中的領頭羊，當屬恆智重機。設址於苗栗市的恆智重機，主要產品包括各式電動與手動油壓之物流、倉儲、搬運設備，如電動堆高機、電動拖板車、自走式堆高機、桿前移型堆高機、電動與手動油壓拖板車等，亦為客戶訂製特殊規格的物料搬運、堆高設備。

為客戶客製化電動搬運車

　　恆智重機創辦人暨董事長翟毓溶，曾在福特六和汽車公司任職 18 年，歷任研發、製造、裝配與業務行銷等不同部門，精熟汽車整體生產流程。他回憶道，在 20 世紀 70、80 年代，先後爆發 3 次石油危機，汽油價格飛漲，迫使世界各大汽車廠，紛紛研發電動車，福特亦不例外。

　　不過，大企業轉型猶如大象轉身，速度相當緩慢；1990 年時，因認定電動車乾淨、安靜、環保、節能，未來商機可期，翟毓溶募集 7,500 萬元，創辦恆智重機。他直言，「打造一家汽車廠，至少得準備 100 億元。」故恆智重機生產專攻電動物流物料搬運、堆高車，成功開闢出新天地，自有品牌 NOVELTEK 亦聞名海內外。

　　「不同企業需搬運的貨品，性質天差地遠，有的要搬麵包，有的要搬玻璃，有的則要搬晶圓。」翟毓溶自豪地說，恆智重機最大的競爭優勢，在於可針對企業的需求，客製化電動搬運車，讓使用者得心應手、事半功倍，「對企業而言，物料搬運、堆高車是生財工具，使用期限期望值至少 20 年，甚至更久，不可將就！」

　　因主攻客製化電動車市場，恆智重機產品品項超過

1000 種，每台車至少裝配 2000 個零組件，零組件總數相當可觀，供應零組件的海內外協力廠商，高達 94 家。從 20 世紀 90 年代中期起，翟毓溶即深刻體悟到，唯有進行數位轉型，導入數位化設計、管理，才能降低龐大的製造、人事成本，讓恆智重機永續經營。

3D 列印製作樣品省時省力

創業初期，恆智重機車款的設計圖，大多由翟毓溶親自操刀；後因車款眾多，開模費用一直居高不下，若要修改設計、模型，更得耗費諸多人力時間。1995 年後，恆智重機開始採用電腦，繪製 3D 設計圖，之後更利用 3D 列印製作樣品，「單價雖超過 10 萬元，但便於修正、調整，與開模相較，可同時縮減時間與成本。」

2005 年，經甫取得 EMBA 學位兒子的協助，翟毓溶為恆智重機導入雲端系統，將聯絡事宜化繁為簡，大幅縮短工作流程、提升工作效率。此後，他每年提撥營業額的 4%，持續進行數位轉型，如強化製造、維修的數位化，雖然員工編制從最巔峰時的 90 多人，逐步縮減至 80 人，依然可正常營運。

翟毓溶說明，之前恆智重機收到訂單後，隨即以電子郵件或傳真，將訊息轉發給相關零組件協力廠商，「聯繫難免有疏漏，總有幾家廠商未讀訊息，導致交件期已到，零件卻未到齊。但組裝電動車，零組件缺一不可，出貨日期便被迫延宕。」

「現在，透過雲端系統發信，協力廠商已讀、未讀，一目了然、方便追蹤。」翟毓溶指出，如此只要盯緊未讀訊息的廠商，直接打電話聯繫，即可掌控全局，更可運用雲端系統，協調眾協力廠商交貨時間，避免其過早或過晚交貨，以利電動車組裝作業。

無人電動車助客戶數位化

台灣市場胃納有限，故恆智重機約 77% 營業額源自外銷，所有產品皆通過歐盟的 CE 認證、英國 ISO 認證與中國國家認證，透過 10 個不同語言的網站，行銷至歐洲、亞洲、北美洲與中南美洲等 30 餘國，銷售量最高的是日本。

翟毓溶直言，早年他幾乎每個月都得出國，與客戶洽談訂單，現透過網路販售產品，行銷預算更能花在刀口上。縱使 2020 年春季後，新冠肺炎疫情蔓延全球，他無法再出國，

但因全球貨運系統並未停擺,「恆智重機仍可正常接單,只是流程慢一點,業績未下滑太多!」

　　恆智重機已全面電腦化作業,並與 4 家電腦公司合作,維持系統正常、資訊安全。翟毓溶說明,這 4 家公司可相互匯出、匯入資料,如果有 1 家公司出現問題,其他家公司可立即填補漏洞,不會影響恆智重機的運作,「一如籃球隊搶分,前鋒沒投入,後衛可隨後補進。」

　　自 2001 年起,恆智重機跨足生產無人電動車,協助客戶數位轉型,並面對薪資飆漲狂潮。翟毓溶強調,以信號操控的無人電動車,售價雖比需駕駛的電動車,高上 50 萬元,「卻可少聘許多人力,廠商很快就賺回差價」,為因應特殊狀況,無人電動車也可轉換為手動模式,若無人電動車失去控制,就會自動斷電,「絕不會傷到人」!

期建置產品雲端報修功能

　　「低階的無人電動車,只能固定從 A 點到 B 點,中階的無人電動車裝設反光板,行動範圍較大。」翟毓溶透露,恆智重機日前與中強光電合作,由中強光電提供影像辨識軟體技術,讓無人電動車可進行更精密的作業,「載貨量、行

車速度,皆可準確調控。」

　　自 2019 年起,在中國生產力中心的協助下,恆智重機導入價值供應鏈系統,未來更將結合物聯網,建置產品的雲端報修功能。翟毓溶解釋,恆智重機每項產品皆有「身分證字號」與零組件清單,希望日後可做到,一旦零組件損壞、故障,不待車主報修,恆智重機可直接獲知訊息,並派員維修,「更計劃將零組件清單變成 QR code,讓維修更快速、更精準!」

　　「企業提高數位化程度,旨在拉抬員工的人均所得,使其有充沛的資金,聘僱更優質的人才。」翟毓溶肯定地說,企業唯有順應時代潮流,才不會被時代潮流淘汰,恆智重機除將繼續深化數位化,還與鄰近的聯合大學、勤益科技大學研發氫氣車,以因應即將來臨的高電價時代!

恆智重機小檔案：

創立：1990 年

創辦人暨董事長：翟毓溶

產業別：電動物流物料搬運、堆高車

地點：苗栗縣苗栗市

數位轉型心法：改採電腦繪圖，並以 3D 列印製作樣品，導入雲端系統，將聯絡事宜化繁為簡，大幅縮短工作流程、提升工作效率。每年提撥營業額的 4%，持續進行數位轉型，如強化製造、維修的數位化；現更導入價值供應鏈系統，致力邁向智慧製造，並計劃建置產品的雲端報修功能。

06 │ 數位學習者 >>
瀚銘科技

引進智慧影像分析技術，
擁中鋼、台塑、高捷等大企業客戶

建置具智慧影像分析技術的監測系統，就可迅速獲知氣體外
洩訊息，立即關閉漏氣的幫浦，並派人前往巡視、維修，不
必坐等事態擴大，再作緊急處理。

　　數位轉型蘊含豐厚商機，瀚銘科技不僅自身數位轉型有
成，更藉著協助其他企業數位轉型，得以脫離擁擠、薄利化
的紅海市場，轉進寬廣、前景明亮的藍海市場。

　　瀚銘科技成立於 2003 年，主力產品為防爆防護罩、防
爆攝影機與防爆監視器等，並兼營住家、大樓與 KTV 等營
業場所的監控系統。到了 2006 年，瀚銘科技創辦人暨董事
長林鉦皓驚覺住家、大樓、營業場所監控系統競爭者眾，遂
將重心轉向工業廠房監測系統。而自 2013 年起，瀚銘科技
又積極招兵買馬，跨入數位金融領域。

從產品導向轉為客戶導向

防爆防護罩等防爆產品，因屬寡占市場，迄今仍是瀚銘科技的「金雞母」，約占年營業額的 70%。早期，瀚銘科技販售美國、義大利的產品；2012 年後，勞動部建立檢驗制度，委託工研院檢測驗證，自行研發相關技術，瀚銘科技開始販售國產品，藉品牌及價值優勢稱霸市場。

耕耘數位產品領域，林鉦皓曾吃足苦頭，「瀚銘科技原奉行產品導向，待產品問世後，再啟動行銷策略」，但成效不佳，市場接受度不高。之後，瀚銘科技轉為客戶導向，待客戶確認真實需求後，再進行研發，終轉危為安。

「專攻工業廠房監控系統後，初期業績猛掉，直到與數家大廠合作，在此領域闖出知名度後，瀚銘科技才轉危為安。」林鉦皓直白地說，立足於高雄的瀚銘科技規模不大，現僅有 11 名員工，深耕單一領域，「員工較輕鬆、客戶較放心」，如果橫跨數個領域，恐難讓客戶信任，「與其到大海中送死，還不如在池塘中悠游。」

大多數監測系統，除非員工主動發現，使用者只能在事件發生後，再調閱影像，追索真相、檢討過失。瀚銘科技監測系統卓越超群之處，在於事件尚是現在進行式時，就及時

通知使用者，避免事件繼續蔓延、擴大，造成更嚴重的生命、財產與聲譽損失。

即時通知使用者防範事故

「例如，石化廠幫浦發生氣體外洩，若未及時處置，可能發生爆炸。一旦發生爆炸，石化廠勢必被迫停工，停工一日，損失至少千萬元，來自環保單位的罰鍰，一張就可能高達百萬元。」林鉦皓分析，石化廠若與瀚銘科技合作，建置具智慧影像分析技術的監測系統，就可迅速獲知氣體外洩訊息，立即關閉漏氣的幫浦，並派人前往巡視、維修，不必坐等事態擴大，再作緊急處理。

林鉦皓透露，瀚銘科技從國外引進智慧影像分析技術，並應用於工業廠房時，曾遭遇瓶頸，「如果同時處理大量影像，將影響電腦運算、分類、歸檔的速度」；因為，規模較大的石化廠，廠內監視攝影機超過 2000 台。之後，瀚銘科技將部分影像處理機制，建置於攝影機內，以降低伺服器的負擔，才順利突破瓶頸。

「智慧影像分析技術進步速度飛快，早期僅能辨識靜止狀態中的人，現在已可同時辨識行進中的人、車、物。」林

鉦皓指出，防止外人入侵，是工業廠房監測系統的基本功用
之一，「以前只能辨識 1 個人，目前可同時辨識 12 個人」，
「若發現有外人入侵，不僅立即發布警示，也會告知保全入
侵者位置，便於立即處置。」

　　林鉦皓解釋，工業廠房監測系統得兼顧靈敏、準確，若
靈敏但不準確，徒增廠方的困擾，「昔日，樹在搖晃、貓與
狗走路、晚上車輛駛過，監測系統都會發出警示，讓廠方疲
於奔命」，如今都可自動排除，「但影響監測系統準確度的
變數太多，如果預估無法達成客戶的要求，林鉦皓只能選擇
婉拒。」

可避免鉅額的損失、罰金

　　在工業廠房監測系統，瀚銘科技將軟體委外開發，再
進行軟體、硬體的系統整合。林鉦皓直言，當下國際大
廠所生產的硬體，如 NVIDIA（輝達）的 GPU（Graphics
Processing Unit，圖形處理器），不僅體積小，運算速度亦
快，不必自行開發硬體，「瀚銘科技再針對客戶的需求，進
行系統整合。」

　　瀚銘科技的客戶，幾乎清一色是大企業，如中鋼、台塑、

高雄捷運，新客戶多由舊客戶所引薦。林鉦皓分析，建置工業廠房監測系統要價不斐，中小企業得再三考量得失，但對大企業而言，「與鉅額的罰鍰、損失相較，卻頗為低廉。」

不同客戶的監測需求亦大異其趣。中鋼著重工安臂章辨識，台塑旨在監測煙囪排放有無異狀，避免觸犯環保法規；而瀚銘科技攜手資策會、高雄捷運子公司台灣智能運輸合作的「智慧安全巡檢」系統，功能在於精準偵測高雄捷運乘客跌倒。

在接獲大企業的委託案後，瀚銘科技得先耗費 3 個月的時間，蒐集相關數據，再進行客製化研發。林鉦皓透露，「至少得蒐集 5 萬筆數據，研發方能起步。數據愈多，準確度愈高」，而在研發過程中，「數據最珍貴」。

在南部召募人才困難度高

「中鋼合作案的準確率，可達 80%。台灣智能運輸合作案的準確率，則可達 92%。」林鉦皓說，高雄捷運乘客跌倒的原因「千奇百怪」，為避免乘客客訴，並在乘客通報跌倒前，就派人處理，「瀚銘科技的客戶，集中在中南部。因為在北部，監測系統企業甚多，中南部較為少見。」

　　不過，資訊科技日新月異，為取得客戶的信任，瀚銘科技不時得添購最新設備，並測試最新問世的作業軟體，跟隨最新的時代、產業潮流；更在 2010 年，導入 ERP 系統，將倉儲、會計、業務、人資等資料建置其中，將所有作業皆數位化。林鉦皓不諱言，「要幫其他企業數位轉型，自身就得是數位轉型的典範，否則根本沒有說服力。」

　　近年來，中國、泰國、越南、馬來西亞等國，紛紛擘建工業廠房監測系統生產線，且價格較為低廉。有鑑於外銷已喪失先機，林鉦皓決定另闢戰場，意圖在數位金融領域，開創瀚銘科技的新利基市場，「中南部競爭雖較不激烈，但徵聘人才卻相當困難，尤其是可理解客戶需求的人才，為瀚銘科技未來發展，必得克服的關卡！」

瀚銘科技小檔案：

創立：2003 年

創辦人暨董事長：林鉦皓

產業別：防爆產品、工業廠房監視系統、數位金融等

地點：高雄市左營區

數位轉型心法：從國外引進智慧影像分析技術，並應用於工業廠房時，在「同時處理大量影像」的地方曾遭遇瓶頸，在將部分影像處理機制，建置於攝影機內，以降低伺服器的負擔，才順利突破瓶頸。了解到「數據的珍貴性」，將監測系統導入人工智慧，蒐集相關數據，再進行客製化研發，提升準確度。於 2010 年順應潮流，導入 ERP 系統，將倉儲、會計、業務、人資等資料建置其中，將所有作業皆數位化。

07 | 數位學習者 >>
科音國際

研發數位混音器與 APP 結合，
從大數據中找到問題，加快製程、擴大產能

對企業真正有幫助的，是數位轉型後的大數據分析。透過大
數據分析，不僅可加快製程、擴大產能，還可看到以前看不
到的面向。

　　台灣的中小企業進行轉型，包括數位轉型，常在無橋、
無船的窘境下，摸著石頭過河，隨時都可能遭受滅頂之災；
但許多中小企業主憑著過人的鬥志，與窮則變、變則通的巧
思與韌性，終於成功到達彼岸。

　　從傳統樂器混音器起家的科音國際，現不僅將混音器與
藍芽、手機 APP 結合，研發出數位混音器，更跨足智慧醫
療、智慧農業、智慧運輸等產業，進一步擴大數位化的產值。

　　科音國際原名樂蘭股份有限公司，為台灣、日本合資
的企業，邵家與日本電子樂器大廠樂蘭（Roland），各出資
50%，專為日本樂蘭代工樂器混音器等產品。為了降低製造

成本，邵家、日本樂蘭又合資到中國蘇州設廠；而在蘇州廠投產後，日本樂蘭持續縮減台灣廠的訂單量。

從智慧型手機發現契機

為另闢財源，邵家第二代、現任總經理邵威中接班後，開始自行研發新產品，並創立自主品牌「創哈特」（Maker Hart）。2018 年，邵家、日本樂蘭調整股權比例，邵家取得台灣廠的主導權，並將企業更名為科音國際。

「進入 21 世紀後，日本樂蘭再三砍價，加上雷曼兄弟（Lehman Brothers Holdings Inc）事件引發全球金融海嘯，眾多企業接連倒閉，迫使我思考如何轉型。」邵威中回憶道，當 Apple 推出 iPhone 手機時，讓從資工科系畢業的他，發現了轉型的新契機，開啟了科音國際數位轉型的進程。

然而，邵威中坦承，因為他先前所學習的，都是 Microsoft 的 Windows 體系，嘗試將科音國際的製程數位化時，遭遇巨大的阻力，「購置諸多設備，再串連起來，不僅相當複雜，費用更超過 200 萬元。」後來，他發現 iPhone 已整合數位化相關設備，「於是，我轉而學習撰寫 APP（application，應用程式）。」

　　不過，當邵威中學會寫 APP 後，卻發現大多數智慧型手機的使用者，卻已不願付費下載 APP，「我所寫的幾個 APP，下載次數雖高，卻很難獲利。實際上，科音國際無法藉 APP 轉型，連以此為副業，亦不可行。」

窘迫下研發出核心技術

　　正當邵威中煩憂之際，他從先前學習 APP 的補習班得知，資策會正籌組一個 APP 創意園區，並公開招募籌組團隊。於是，科音國際加入了資策會的 APP 研發計畫，並著手研發掃描條碼技術；他透露，「科音國際原已引進 ERP 系統，一直計畫導入掃描條碼、辨識影像的技術，讓製程更快速、更順暢。」

　　「關於掃描條碼技術，老實說，原本我什麼都不會，但面對 3 個月的交件期限，只好拚命買書來讀。廣讀群書後發現，單是掃描一個條碼，過程竟如此繁複。」邵威中略帶微笑地說，在如此窘迫的條件下，科音國際仍如期達標，並研發出日後成為帶動企業前進的核心技術。

　　此後，邵威中不像其他企業般，將數位化技術建置在價格高昂的工業電腦上，而是選擇價格較低廉的 iPad，並打造

一套可讀取條碼、進行影像辨識的智慧產品履歷管理系統，讓製程效率提升約 20%。

「對企業真正有幫助的，是數位轉型後的大數據分析。透過大數據分析，不僅可加快製程、擴大產能，還可讓我看到以前看不到的面向，或學習用不同角度分析數據，並快速發現問題的癥結。」邵威中強調，當科音國際設備、系統發生故障時，便可確認問題點，有助於消弭內部的分歧與爭執，若不涉及商業機密，則開放客戶線上察看。

從國際創客展開拓生路

由於科音國際員工的數位技術、知識，悉數由邵威中所傳授，相關程式亦由員工撰寫。故科音國際在數位轉型的支出，都花在添購設備上，如添購 iPad、建置雲端系統，共約 200 萬元；與其他企業相較，相對低廉。

當然，科音國際航向數位轉型，並非一帆風順。邵威中不急躁，循序漸進施行數位轉型，「畢竟，改變作業模式，會激起部分員工反彈，得等他們慢慢習慣，並想方設法排除阻力；待數位化上軌道後，再研發新產品。」

有鑑於在日常生活上，人們已離不開手機、平板等智慧

型載具，邵威中著手研發與之聯結的混音器，並開創自主品牌。他解釋，愈來愈多人透過手機聽音樂，直播主人數也不斷增加，高品質混音器商機可期。

　　不過，成功研發出新產品後，並無銷售產品經驗的科音國際，僅能藉參展開發客源，只是大型國際電子展相關費用相當高昂，也不見得可售出產品；他發現日本東京有個 Maker Faire（自造者博覽會），是全球最重要的創客（Maker）展之一，門檻亦較低，值得一試。

藉亞馬遜平台外銷多國

　　到東京參展，成效甚佳；接著，科音國際又相繼參加美國紐約、舊金山的創客展，亦頗有斬獲。邵威中微笑地說，「在創客展中，大多數產品沒有聲音，所以科音國際的混音器獨樹一幟，備受與會者注目。」

　　因為經銷商銷售成績不理想，邵威中選擇「自己來」，在亞馬遜電商平台上建置英文銷售網站，成功將新產品銷售至美國、日本等 30 多個國家。而打開知名度後，邵威中也獲邀參加多場產業論壇，因此結識了許多廠商，亦增加了若干客戶。

　　目前，科音國際獲利仍高度仰賴代工，約 96% 來自代工，但自主品牌產品屢創佳績，也激勵邵威中堅定數位轉型的方向，以降低對代工的依賴度。除了數位混音器，科音國際近年來也推出無人搬運車、電子聽診器、溫溼度監控器，切入智慧運輸、智慧醫療、智慧農業等產業。

　　「因參與國際創客展，觀察到無人車潛在商機豐厚，決定研發、生產無人搬運車。」邵威中更透露，溫溼度監控器最適合用於溫室，是農民栽培高品質農產品的利器，而電子聽診器適逢新冠肺炎疫情散播，而電子聽診器正好具備間隔醫師與患者距離之操作功能，故深獲好評，「現正被催著趕工」，在可見的未來，還將計畫生產智慧割紙機，「只要有好產品，就會有好品牌，企業更會不斷成長。」

科音國際小檔案：

創立：2018 年（前身為樂蘭股份有限公司）

董事長：邵義勝

總經理：邵威中

產業別：混音器、智慧運輸、智慧醫療、智慧農業

地點：桃園市龜山區

數位轉型心法：加入資策會 APP 研發計畫，著手研發掃描條碼技術，打造一套可讀取條碼、進行影像辨識的智慧產品履歷管理系統，並建置在 iPad 上。在亞馬遜電商平台上，建置英文銷售網站，成功將數位混音器銷售至 30 餘國；近來也推出無人搬運車、電子聽診器、溫溼度監控器，切入智慧運輸、智慧醫療、智慧農業等產業。

08 | 數位學習者 >> 仲威文化創意

3D 列印快速開模公仔、吉祥物，
為各品牌打造獨特形象

與人工製造相較，以 3D 列印機生產產品，約可省下 70% 的時間。生產同樣的產品等產品，人工製造若要 20 天，3D 列印則不用 1 星期。

　　歐陽修「文窮而後工」的理念，曾被奉為藝文創作的圭臬，但今日已窒礙難行；文創產業本是知識密集產業，現已轉變為資本密集產業，未來更將是技術密集產業。體現未來趨勢的最佳範例，當是被譽為「吉祥物南霸天」的仲威文化創意，近年來積極導入數位科技，致力縮短製造時間、撙節人力成本，強化企業競爭力。

　　仲威文化創意創立於 1996 年，創辦人暨總經理何正良夫妻的創業基金僅 20 萬元，歷經 20 餘年的努力，成功打造南台灣的文創產業傳奇。目前，仲威文化創意除了高雄總公司，還擁有台中分公司、台北辦事處，與「盒盒器器」、「正

威皮件」、「我形偶塑」、「唯獨有偶」等 10 個專業品牌，
不僅立足台灣，更嘗試藉網路拓展國際市場。

借鏡國際知名品牌品管經驗

創業初期，仲威文化創意以文具、禮品買賣為主力業
務，之後跨足記事本、文件匣、企業吉祥物之代工業務；隨
著台灣產業外移，網路普及率高漲，仲威文化創意代工模式
逐漸從 OEM 轉為 ODM，靠著政府的補助計畫不斷壯大，
並決定自創品牌。

「我的職涯首份工作，是在台中的一家文具工廠上班。
後來，我轉至稱霸籃球銷售市場的斯伯丁籃球（Spalding）
任職。」何正良感謝地說，第一份工作讓他深入認識文具的
製造端，為日後創業奠定厚實的基礎，而當他欲涉足 ODM
領域時，第一個提案的對象，正是斯伯丁籃球，「提案通過
後，接著又順利獲得三麗鷗等知名國際品牌的訂單」。

為知名國際品牌代工，何正良直言，雖然「利潤有限又
辛苦，配合的事項不勝枚舉」，但卻「讓我知道知名國際企
業對產品品質的要求標準」，不再只關心產品的良率、產能。
而經過 ODM 代工的嚴格訓練後，建立起仲威文化創意自創

品牌的信心。

「代工利潤微薄，只要一個閃失，就可能虧損，仲威文化創意也不乏賠錢的案例。」何正良透露，為了吸收新知、感受時代與產業趨勢，他經常報名政府機構舉辦的演講，「在創業 2、3 年後，發現政府正大力宣導，為因應產業外移的潮流，中小企業必須培養核心能力，研發差異化產品，否則很容易被淘汰。」

創立 10 個品牌卻能多而不雜

除此，雲端、大數據、3D 列印等數位化浪潮，不斷推陳出新而來，促使仲威文化創意加速轉型。在獲得行政院青輔會（現已併入教育部，更名為青年發展署）150 萬元貸款後，仲威文化創意將主力產品，從文具轉為文創產品，「我特地從政府補助的 16 項文創商品中，挑選並生產公仔、企業吉祥物等。」

「在我的創業歷程中，幸好搭著政府的順風車，才得以持續擴充企業規模。」何正良解釋，仲威文化創意參與過政府多項專案計畫，也藉此接觸數位科技，如早在 2010 年，便與高雄應用大學（現已併入高雄科技大學）、樹德科技大學

共同拿下一項政府專案，即已應用虛擬實境（VR）等技術。

「當時，虛擬實境技術才剛剛萌芽。」何正良回憶道，相關設備可建置於居家、吧檯，也可建置於辦公室內，使用者可應用此技術，線上「試穿」服飾，「可惜若要拓展其他用途，還得再投資 200 萬元」，仲威文化創意只得被迫放棄。另外，2012 年再投入 SIIR（Service Industry Innovation Research，服務業創新研發計畫），發展行動 APP，仲威文化創意公司協助開發相關的文創商品及包裝設計部分。

幸而及時轉型，仲威文化創意才免於如其他文具代工同業般，面臨進退維谷的窘境。何正良不諱言，常有人質疑他，「一家企業經營 1 個品牌，已相當吃力，仲威文化創意卻同時經營 10 個品牌」；但他強調，仲威文化創意的品牌多而不雜，且技藝專精，每個品牌皆有獨特美學，也各有忠實的客戶群。

網路行銷效益高於參加會展

「挑選研發團隊成員時，我會問員工：『麥當勞究竟賣什麼？』如果回答『漢堡、薯條』，絕對無法進入研發團隊。」何正良解釋，「文創企業需要的，不是 5 歲小孩都知

道的答案」，麥當勞賣的其實是品牌形象，販售歡樂、溫馨，星巴克則販賣時尚、流行，「仲威文化創意販售的是城市美學。」

何正良透露，他奉行「積極但不心急」的企業經營哲學，一點一滴地累積，量力而為、絕不躁進，「寧可先強化企業實力，再談擴張，否則將自討苦吃」。近年來，仲威文化創意只接總價超過 100 萬元的訂單，客戶遍及國內外，包括頂呱呱、漢堡王等知名企業，以及多家學校、建設公司。

「仲威文化創意的海外客戶，除了曾與法藍瓷共同承接美國費城藝術博物館（Philadelphia Museum of Art）的訂單，大多是看了網路上的訊息而來。」何正良指出，在 FB、IG 與 YouTube 等重要網路平台，仲威文化創意皆上傳中、英文資料，未來還會上傳日文資料，且持續進行數位優化，「在品牌行銷策略，字不如表、表不如圖、圖不如動態，而網路正是動態行銷的最佳載具。」

「參加各式會展，不僅所費不貲，有時攤位員工還多於參觀者，效益不高」，何正良盛讚網路是「價格最低廉，但效益最宏大」的行銷工具，而透過網路行銷，還獲得韓國、日本、美國、澳洲、菲律賓等國企業的訂單。

數位轉型得先克服兩大問題

　　在可見的未來，仲威文化創意將繼續推動數位優化，特別是優化產品製程、辦公室作業。今日，仲威文化創意已開始 3D 應用列印技術，生產公仔、吉祥物與工藝品等產品；因為大型 3D 列印機價格昂貴，何正良遂與製造商洽商，成為其中南部的經銷商，一邊學習最新的 3D 列印技術，一邊開拓新的財源。

　　「與人工製造相較，以 3D 列印機生產產品，約可省下 70% 的時間。生產同樣的產品等產品，人工製造若要 20 天，3D 列印則不用 1 星期。」何正良語氣嚴肅地說，數位技術對各個產業的影響，必將愈深愈廣，文創產業亦不例外，但中小企業數位轉型，得先克服兩大困難，「一是經費問題；二是不知如何找尋合適的軟體廠商，如果找不到合適的軟體廠商，就會嚴重拖累數位轉型進度。」

仲威文化創意小檔案：

創立：1996 年

創辦人暨董事長：吳美玲

創辦人暨總經理：何正良

產業別：文創

地點：高雄市苓雅區

數位轉型心法：參與政府專案，接觸虛擬實境等數位科技。應用 3D 列印生產公仔、吉祥物與工藝品等產品，運用網路行銷，獲韓國、日本、美國、澳洲、菲律賓等國企業的訂單；並成為大型 3D 列印機的中南部經銷商，學習最新的 3D 列印技術，且持續推動產品製程、辦公室作業的數位優化。

09 數位學習者 >>
雅文塑膠

導入機聯網，
生產、資訊、資料透明、順暢、完備

資料分析愈精細，對企業營運幫助愈大，更有利於妥善安排短單、急單，促使雅文塑膠「生產及時化、資訊透明化、資料正確化」，改善企業體質。

　　近年來，台灣不動產價格飆漲，不僅商辦、自用住宅售價屢創新高，工業區土地也高不可攀，成為許多中小企業再上層樓的巨大阻礙。位於新北市新莊區的雅文塑膠，因無法購地另建新廠，在企業第二代、總經理陳秉豐的帶領下，致力數位轉型，終於成功串聯 3 座分散的廠區，如臂使指、戰力大增。

　　成立於 1972 年的雅文塑膠，一直專注於塑膠射出、射出成型相關技術的設計研發與模具製造，是台灣多家電子大廠的「御用塑膠廠」。陳秉豐更提前布局未來，雅文塑膠已相繼取得汽車業品質管理系統 IATF 16949 認證，與 ISO

13485 醫療器材品質管理系統認證，期待可深化與汽車、醫療產業客戶的聯結。

以數位化技術克服廠房分散

　　雅文塑膠 3 座廠房，雖位於同一條路上，但生產數據無法整合，向來是生產計畫、產品交期的最大變數，更是企業發展的最大痛點。陳秉豐直言，雅文塑膠雖不斷覓地，計畫另建規模較大的廠房，「但工業區土地實在太過昂貴，超出預算過多」，決定投入數位轉型，導入機聯網、庫存管理系統，以數位化技術解決痛點。

　　還未接班前，陳秉豐被父親、雅文塑膠董事長陳春秋送至中國，在友人企業中任職專案經理（project manager, PM）。他認為，專案經理的工作範圍，起自開模、迄於產品銷售，「與中小企業負責人的角色頗為類似」，讓他受益匪淺，而中國企業數位化速度之快，更讓他印象深刻，「返回台灣後，我便想將在中國所學到的，擇優移植至雅文塑膠。」

　　回到台灣後，陳秉豐察覺，雅文塑膠硬體尚稱完善，軟體卻嚴重落後，亦缺乏數位化領導人；故於數年前，引進機

聯網。他感嘆地說,「因為廠房分散,先前很難精準掌握生產狀況,有時就得被迫延遲交貨」,但若要延後交期,最晚得在交期前 2 天告知客戶,否則將引發糾紛。

然而,陳秉豐發現,縱使在趕工狀態,有時仍有廠區機台閒置,拉低生產效率,「機台數量眾多,分散三個廠區,一個生管無法無時無刻,緊盯每一部機器」,而就算生管人員再認真,一天也頂多巡廠 2 到 3 次,無法更多,「難免有所疏漏,而疏漏就會造成延誤」。

妥善安排日增的短單、急單

安裝機聯網後,雅文塑膠生管人員坐在電腦前,就可即時、準確、全面掌握 3 個廠區的狀況,杜絕機台閒置等情況,大幅提升生產效率,並省去人工抄寫數據的時間。他也坦承,此舉曾引發若干幹部反彈,甚至有課長質疑在監視他,最後選擇離職;歷經一段「陣痛期」後,員工才逐漸適應。

「關於機聯網,我最在乎後台的分析;透過系統分析,便可快速找到、解決問題,機台不再莫名其妙故障。」陳秉豐認為,資料分析愈精細,對企業營運幫助愈大,更有利於妥善安排短單、急單,促使雅文塑膠「生產及時化、資訊透

明化、資料正確化」，改善企業體質。

近年來，愈來愈多客戶不再下訂長單，以減輕自身的庫存壓力，短單、急單已成產業常態；因此，零組件供應商必須強化庫存管理能力，才能從眾多競爭者中脫穎而出。在機聯網之後，陳秉豐又為雅文塑膠引進庫存管理系統，將盤點庫存的時間，從原本的約 2 小時，縮短至約 10 分鐘，當物料不足時，即可儘速進料。

「數位化帶動制度化，製程必需全程記錄，相關資訊、數據都會被公開，可降低對老師傅的依賴，有利於世代傳承。」陳秉豐透露，雅文塑膠的數位轉型是「一點一滴慢慢來」，故可順利推動，但導入數種不同的軟體，還得耗費人力、時間、經費，進行系統整合，「雖也遭遇一些麻煩，但最終都能找到解決方式」。

切勿單打獨鬥、應借力使力

「關於數位轉型，各家企業定義不盡相同；而我的定義是，以電腦取代人工。但在目前，距離人工智慧的階段尚遠，頂多是『將工人智慧數位化』。」陳秉豐解釋，他引進機聯網、庫存管理系統，即可取代部分生管人員，讓中階主管可

投入更高階的工作，「中小企業若要永續生存，一定得進行數位轉型，否則不可能存活到 10 年後。」

陳秉豐認為，中小企業若要降低數位轉型的預算，切勿單打獨鬥，可行的方式有二：一是夥同其他中小企業，以團購模式壓低設備售價；二是要懂得借力使力，應用已具影響力的平台，以節省人力、物力。

「中小企業負責人可盤點合作的中小企業，挑選數位化程度較高的幾家業者，在數位化議題上結盟，才能讓系統商降價。」陳秉豐指出，中小企業數位化的障礙大同小異，唯有靠著「團體作戰、打群架」，凝聚彼此的力量，方可攜手共度難關，「塑膠工業技術發展中心成立的塑膠產業共學會，現有 66 個成員，正是我找尋盟友的最佳平台。」

另外，陳秉豐亦透過資策會 AIGO 智慧應用人才培育計畫，將作業 SOP 動作影像辯識系統安裝於組裝線上，作業員的加工動作工序，若任一環節發生疏失，即會發出警訊，可提高加工之良率。

此系統主要關鍵在機器學習，而非軟體系統，陳秉豐表示希望再增加後台分析，可進一步精確標示警報時間及機台位置，以更有效改善生產效率。

在可見的未來，陳秉豐希望可將機聯網、庫存管理系

統，導入雅文塑膠泰國廠；如此，台灣高階幹部可即時、完
整掌握泰國廠的生產狀況，「所有資料都在雲端上，一目了
然」。

不同軟體系統整合最為困難

　　在數位轉型的過程中，最令陳秉豐頭疼的是，非添購新
軟體與整合不同軟體莫屬。他感嘆道，「硬體設備舊了，還
可折價售予其他企業，但採用新軟體後，就得捨棄舊軟體」，
而找一家軟體公司，為雅文塑膠客製化所有軟體，實際上並
不可行，「不僅價格高昂，且根本找不到有此能力的軟體公
司」，只能耐心整合不同軟體。

　　在國際市場，中國企業不斷嶄露頭角，在國家機器的奧
援下，數位化速度極快。陳秉豐直言，為強化競爭力，不讓
中國企業搶占市場，雅文塑膠持續提前部署，除深化、廣化
數位化工程，也取得大多數塑膠射出企業未取得的汽車、醫
療認證，「別家沒有，唯獨雅文塑膠有！期望未來可做到，
客戶想換供應商也換不了的境界。」

雅文塑膠小檔案：

創立：1972 年

董事長：陳春秋

總經理：陳秉豐

產業別：塑膠射出

地點：新北市新莊區

數位轉型心法：導入機聯網、庫存管理系統，解決企業長期痛點，整合 3 座廠房的生產數據，讓生產計畫得以順利開展，並取代部分生管人員，讓中階主管可投入更高階的工作，朝「生產及時化、資訊透明化、資料正確化」的目標前進。在可見的未來，更計劃在泰國廠，導入機聯網、庫存管理系統。

10 | 數位學習者 >>
麥世科

以數位製程提升良率，
拉開與競爭者的距離

中小企業數位轉型的第一步，應是擘劃數位轉型的藍圖、架
構，便於在過程中，確認方向無誤。

　　新冠肺炎疫情肆虐全球，死傷人數之多，疫情綿延時間
之長，遠遠超過許多人的預估。在疫情衝擊下，全球經濟生
態驟變，「無接觸經濟」重要性與日俱增，原先數位化程度
較深的企業，此時獨領風騷，並持續開疆拓土，而數位化程
度較淺的企業則受創嚴重，無不積極展開數位轉型，以求迎
頭趕上。

　　以水針不織布（Spunlace Nonwoven，運用超高壓水針
纏結纖維，不使用任何化學製品所製成的不織布）領域享譽
國際的麥世科，在新冠肺炎疫情初期，業績略為下滑，但在
跨足生產防疫產品後，反倒開拓了新的商機，而先前投資的
數位化工程，亦已發揮效應，將危機化為轉機。

新品品項數量為同業 15 倍

　　麥世科為旌暘國際集團（Exalt Group）旗下一員，旌暘
國際集團為全球最大的壓延設備廠。旌暘國際集團於 1994
年研發、建置「水刺纏結生產線」，跨足水針不織布領域；
1997 年，更將水針不織布工廠，獨立為麥世科。

　　麥世科生產的水針不織布，是手術擦巾、醫療床單、高
科技彈性布等醫療用布的原料，亦可製成蜂巢簾、過濾材、
合成皮基布、汽車工業用布，與魔術毛巾、工廠擦拭布、靜
電擦拭布、高科技無塵布，與化妝棉、衛生棉、特殊高端面
膜等，約 70% 產品外銷，主要銷至日本、韓國、歐美國家
與東南亞國家，並在中國上海、日本東京兩地，設立海外營
運據點。

　　面對巨變，麥世科比起許多中小企業，更能處變不驚。
因在 2002 年時，麥世科曾慘遭祝融之災，被迫遣散所有員
工；當年總經理魏宏汶決定東山再起，並克服鉅債，再轉虧
為盈，堪稱浴火鳳凰。因此，麥世科總是提前部署，包括數
位轉型，皆領先同業，故疫情襲來，仍能穩健向前。

　　「約從 10 年前起，麥世科跨足開發特殊化產品，並相
繼推出約 1700 種新品，大概是其他同業的 15 倍。許多知名

品牌商的產品，原料都來自麥世科。」麥世科副總經理沈香君指出，麥世科不僅產品線相當多元，研發速度更超越同儕，關鍵即在於不斷深化、廣化的數位化工程。

產品良率、稼動率皆提升

麥世科重組後，即逐步進行數位化；到了 2016 年後，加快數位轉型的腳步。沈香君透露，在數位轉型之後，麥世科產品的良率，從先前的 90%，提升至 95%，「對非電子產品而言，已是長足的進步」，稼動率亦從 57% 躍升至 85%，不僅有利於專利布局，更助麥世科獲得多項創新競賽的優勝。

「阿里巴巴創辦人馬雲曾言，未來將是 5 新時代；5 新指新零售、新製造、新金融、新技術與新能源。」沈香君說明，麥世科的數位轉型，主要著墨於「新零售、新製造」兩大面向，但她強調，「在數位轉型之前，幹部得先進行頭腦轉型」，且得先將公司管理合理化，並準備好相關基礎資料，「若公司管理未能合理化，便很難進行數位化。」

因投入的資金、人力、時間相當可觀，中小企業數位轉型的第一步，沈香君認為，應是擘劃數位轉型的藍圖、架構，

便於在過程中，確認方向無誤；否則，一旦方向有誤，就得翻盤重來，麥世科即曾因此損失約 200 萬元。

特著墨於新零售、新製造

在「新零售」上，麥世科現已發展自主品牌，嘗試突破B2B的範疇，並開始與電子商務平台合作，致力開發新客戶。

在「新製造」上，麥世科引進數位化科技，並建立廠房戰情室，以利迅速蒐集、分析機台的參數，縮短設備維修、保養的時間，並精準監測廠房的溫度、溼度，與原物料投入狀況，「不久前，更在製程較易發生異常狀況的環節，導入物聯網，以降低設備停擺的機率。幹部透過智慧型手機，即可掌握廠內生產狀況。」

建構物聯網的代價不斐，麥世科只能重點式施作，並蒐集、分析常出狀況的環節的數據，並予以優化、改善，或制定新的政策；物聯網若偵測到異常狀況，也會主動發送訊息，有助於及時維修、降低損失。

「每停機維修 1 小時，麥世科就得損失幾十萬元。」沈香君形容，麥世科身處「百米賽跑」的產業，競爭非常激烈，如果可儘速獲悉製程中的異常狀況，就能及時因應，將損失

降至最低，「並藉此拉開與競爭對手的距離。中國企業高階產品的品質，現雖仍遠不及麥世科產品，但追趕速度極快，不得不防。」

唯上下一心方能克竟全功

目前，在麥世科每座機台上，都貼有 QR code；當異常狀況發生時，員工以智慧型手機掃描 QR code，就可立即得知維修訊息，自力修復大多數故障。沈香君期待，在可見的未來，可透過教育訓練，訓練麥世科員工維修技術，使其可獨力維修物聯網系統。

「中小企業數位轉型的主要障礙，不外乎專業、資金不足，一定要懂得借助外部力量，不要全部自己來，並從最關鍵的環節著手，畢竟資源有限。」沈香君不諱言，麥世科進行數位轉型，不僅受益於專業顧問，擴大數位化的視野，建構出數位轉型的完整架構、藍圖，更獲政府專案計畫挹注，「除此，不同軟體的系統整合，亦是一大難題。」

在數位轉型上，麥世科已陸續投入 2,700 萬元，主要用於改善製程，其次則是人員訓練。沈香君略帶驕傲地說，大多數麥世科員工在訓練後，都可獨立拍攝影片、設計包裝，

「日後，希望可招攬更多專業人員，並強化展覽的效益」！

　　總結往昔「邊走邊學」的經驗，沈香君奉勸有志投入數位轉型的中小企業，「並非愈大的系統商，就愈適合」，麥世科便曾有過慘痛的失敗經驗，「更重要的是，企業必須上下一心，數位轉型才可能成功。否則，縱使企業主有心推動，員工不願意配合，效益將頗為有限。」

麥世科小檔案：

創立：1997 年

總經理：魏宏汶

副總經理：沈香君

產業別：水針不織布

地點：苗栗縣後龍鎮

數位轉型心法：數位轉型主要著墨於「新零售、新製造」
兩大面向，在專業顧問指導下，擴大數位化的視野，建
構出數位轉型的完整架構、藍圖；獲政府專案計畫挹注，
並建立廠房戰情室，迅速蒐集、分析機台的參數，縮短
設備維修、保養的時間，得以精準監測廠房的溫度、溼
度，與原物料投入狀況，更在製程較易發生異常狀況的
環節，導入物聯網技術。

11 | 數位學習者 >>
清展科技

鋁門窗業龍頭以光學測量技術，
加寬產業護城河

數位化已成清展科技的核心優勢，「且是眾競爭對手光砸
錢、增人，也追趕不上的優勢。」

　　工業 4.0 時代到來，智慧製造蔚為風潮，數位轉型成為
帶動傳統產業脫胎換骨、再上層樓的新動力。被譽為台灣
「隱形冠軍」企業之一的清展科技，藉物聯網（IoT, Internet
of Things）、人工智能（AI, artificial intelligence）等數位技
術，優化服務、品管，強化競爭力，堪稱傳統企業數位轉型
的箇中翹楚。

　　創立於 1987 年的清展科技，原名青展塑膠；30 餘年來，
曾歷經數次轉型，並因轉型而持續茁壯。自 1992 年起，清
展科技跨入鋁門窗生產，屢獲海內外專利與獎項；目前，在
台灣鋁門窗市場，於通風門、隱藏式紗窗等領域，近年來市
占率皆穩居第一。

從小代工廠茁壯為鋁門窗業龍頭

　　清展科技創辦人暨總經理周國忠自中興大學農產運銷系（現已改制為行銷系）畢業後，他投靠自行創業的大哥，就此踏入塑膠射出產業。在 20 世紀 70、80 年代，大學畢業生仍被視為社會菁英，但周國忠仍認命地從基層做起。

　　在兄長的刻意栽培下，周國忠先後歷練不同職務，得以全面且深入地認識塑膠射出產業，並為日後創辦、經營企業，奠定厚實的基礎。幾年後，原無創業企圖的他，卻被兄長要求，與弟弟一同創業；他爽朗地說：「我不是創業，而是『被創業』。」

　　清展科技跨入鋁門窗產業後，初期獲利仰賴代工；1995年後，開始投入技術研發，營運主策略為「以代工養研發」。之後，清展科技推出自有品牌 HISS（喜室），營運主策略轉為「以研發養品牌」；而在 HISS 卓然有成後，又帶動了代工業績。

　　歷經 30 餘年的努力，清展科技已從只有 2 台塑膠射出機器的小型代工廠，茁壯為在高雄、台北坐擁 3 座生產基地的鋁門窗業龍頭與指標性品牌，除了通風門、通氣裝置、隱藏式紗窗、無軌摺紗門，也生產塑膠五金配件。

邁向「台灣鋁門窗業的 MIS 中心」

迄今，清展科技已擁有近 200 項專利，足以與科技大廠並肩，已獲頒 30 次台灣精品獎，更是諸多高價建築裝潢時的指定品牌。目前，清展科技約有 162 名員工，研發人員約 15 名，還有 3 名 MIS（Management Information System，管理資訊系統）工程師；在台灣傳統企業中，實為異數，更致力朝「台灣鋁門窗業的 MIS 中心」的目標邁進。

2010 年起，清展科技引進 SAP 的 ERP 系統；而自 2015 年起，開始將 3D 列印，應用於產品設計。到了 2019 年，清展科技嘗試導入智慧科技，擴大物聯網、人工智能技術的使用層面，以撙節人力、優化流程，積極朝智慧製造的目標前進。

「實際上，企業主應體認到，花在數位轉型上的投資，很難在短時間內回收。」周國忠指出，就連亞馬遜、特斯拉等企業巨擘，每年的數位投資皆相當可觀，虧損了許多年，一直到前幾年，才轉虧為盈，「對我而言，投入數位轉型，是為清展科技加寬護城河，確保競爭優勢。」

周國忠比喻，如果清展科技是一座城堡，早年只需 10 公尺寬的護城河，就足以阻絕來犯的敵軍，「但現在的數位

工具實在太厲害，如果不將護城河加寬至 50 公尺，隨時都可能失守」，因此，「在不危及公司營運與資金安全的前提下，清展科技仍將持續進行數位轉型。」

以數位工具解決量測誤差與糾紛

　　「清展科技以客製化產品為主力，產品尺寸可能大不相同；長期以來，皆苦於量測失準。」周國忠解釋，鋁門窗從業者多以捲尺量測，一來部分捲尺已失準，再者許多從業人員也未認真量測，造成或輕或嚴重的誤差，衍生諸多不必要的糾紛，「採用光學量測工具後，產品精準度大幅提升」。

　　先前，清展科技仍採傳真機接單，但弊病甚多。周國忠直言，若干傳真頗為模糊，清展科技人員有時得確認老半天，更常有客戶粗心大意，造成作業延宕，「未來，清展科技將大力推廣網路下單，並將自製 APP，內建防呆機制，除縮短下單時間，也可降低錯誤率。」

　　大多數鋁門窗業者接獲客戶訂單後，都得派員前往丈量；待產品完工後，再派員至現場施工、裝設，清展科技亦不例外。但在爭分奪秒的資本主義社會，傳統作法過於耗時，清展科技現已可接受客戶上傳欲施工處的照片，「在數

位工具中輸入參數數值，即可顯示立體的模擬圖」，「估算實際尺寸後，再向客戶報價，獲同意後，再前往施工。」

　　根據清展科技與網路下單客戶簽訂的合約，周國忠強調，清展科技員工至現場施工、裝設時，若發現報價低估，「最多僅能多收 10%；等於若低估 30%，20% 由清展科技自行吸收」，但若發現報價高估，則僅收應收之款項，「若報價高估 30%，則收 70% 的費用。」

轉型後為鋁門窗業訂定了新標竿

　　「如電視廣告所說的，電腦也會選花生，如果用人工挑選，要達到與電腦相同的水準，將頗為吃力。」周國忠說，人總有疲倦之時，若全仰仗人力，效率、精確度必定較低，而在導入數位工具後，清展科技效率大增，「客戶今天中午下訂，明天中午前就可收貨」，為鋁門窗業訂定了新標竿。

　　自 2020 年起，清展科技更將引進數位感測技術，優化施工現場管理。周國忠略帶無奈地說，昔日施工現場若發生錯誤，或延誤交期，「每個師傅都宣稱，自己沒有犯錯、工作最認真」，問題始終無法得到釐清、解決，總容易一犯再犯，「裝置數位感測技術，流程連結至 barcode（條碼），

癥結點一目了然，不但效率高出許多，還可溯源管理。」

目前，數位化已成清展科技的核心優勢；周國忠自豪地說，「且是眾競爭對手光砸錢、增人，也追趕不上的優勢。」清展科技現更嘗試應用數位工具，將流程化繁為簡，並制定可分工、合作的 SOP，「連最困難的裁切，移工作業員都可根據手冊，輕鬆操作。」

「短期內，傳統產業難以全面數位化，得先數位化量大、重複的流程。」周國忠指出，鋁門窗業部分製程可採用機械手臂；量測尺寸和計算庫存可使用數位工具，但「不必為數位化而數位化」，否則可能得不償失，「數位化不等於全自動化，優化人機介面，亦是企業數位化的重要環節。」

清展科技小檔案：

創立：1987 年

創辦人暨總經理：周國忠

產業別：鋁門窗、塑膠射出

地點：高雄市大寮區

數位轉型心法：引進 SAP 的 ERP 系統，並將 3D 列印，應用於產品設計，嘗試導入智慧科技，擴大物聯網、人工智能的使用層面，以撙節人力、優化流程，積極朝智慧製造的目標前進。

12 | 數位學習者 >>
勤工公司

雲端堅控管理零組件狀況、電池溫度、油壓缸溫度等，外銷、租賃績效爆發

智慧堆高機、無人堆高機仍得由人管理，後援服務系統至關重要。勤工公司正致力成為服務導向的企業，希望提高服務收入的占比，而堆高機將僅是載具。

　　知名堆高機製造商勤工公司，在企業第二代、執行長林少顗的主導下，力行數位轉型，推出建置物聯網系統的智慧堆高機與無人自動堆高機（Automatic Guided Forklift, AGF），從製造業逐步跨足至製造服務業，並為未來 20 年營運，找到了新的方向與目標。

　　勤工公司創立於 1996 年，專攻堆高機及其特殊配備市場；20 餘年來，在專業堆高機特殊屬具與桅桿設計領域，執台灣之牛耳。2016 年，林少顗從國立中興大學材料所博士班畢業，返回勤工公司任職，並於 2017 年，打造自有品牌 AXON，且進行數位轉型。

希望藉數位轉型彎道超車

　　原本，勤工公司只是一間鐵工廠，連招牌都沒有，新客戶全由舊客戶引薦。林少顗接班後，先建立運行至今的組織、架構，並調整作業流程；「若干中小企業只求獲利，未曾建立基本的組織、架構，不僅無法數位化，更難以擴大獲利」。

　　在不斷嘗試、摸索，與加入「二代大學」後，林少顗確定投入數位轉型，改造勤工公司體質，「重點在堅定決心、確定目標，數位化只是達成目標的過程。但轉型不是轉身，過程相當漫長，無法一步登天。」

　　數位轉型之初，除了將勤工公司內部作業流程資訊化、標準化，林少顗先在網路上，投放勤工公司的產品訊息，挖掘潛在的客戶，並開始參加國內外的會展，「參展的成效雖不佳，卻發現無法滿足客戶之處」，遂著手數位化，以期「彎道超車」，超越其他競爭者。

　　其實，早在 10 餘年前，林少顗的父親、勤工公司創辦人暨董事長林溪寬，即嘗試進行數位轉型，大舉購買資通訊設備，但最後功敗垂成。林少顗檢討，「未能成功的原因是，員工將數位轉型，視為老闆交付的責任；最後，一沒緊盯就

完全放鬆，數位轉型不久後便消失於無形。」於是，他記取上一代的失敗教訓，責成較易學會數位技術的新世代員工，輔佐資深員工，以化解數位轉型的阻力。

以物聯網技術監控堆高機

　　林少顓在「二代大學」的業師，為曾任甲骨文台灣分公司總經理的知名經理人李紹唐；在身兼裕隆汽車顧問的李紹唐牽線下，勤工公司結合裕隆汽車集團所研發的軟體平台，應用其物聯網技術，打造智慧堆高機，如願吸引多家大廠注目。

　　「一台堆高機的使用年限短則 10 年，長則 30 年；若非堆高機需要保修，很難再見到買家。」林少顓指出，台灣「現役」的堆高機，約 20 萬台，但不時有電池過熱、零組件故障等情況，且每年皆有堆高機翻覆，並造成人員傷亡之事故，「為預防堆高機失靈，有些廠商特別多買幾台堆高機，以備不時之需。」

　　勤工公司推出的智慧堆高機，每台都設有帳號，可透過建置於雲端的監控管理系統，精準感測並預測個別堆高機的零組件狀況，包括電池溫度、輪胎摩擦係數、滑軌搖晃情形、

油壓缸溫度與壓力等，若偵測到異常數據，就會立即通知客戶，讓堆高機及時獲得保養、維修。如此，既可降低堆高機發生故障、事故的機率，更可延長使用年限，廠商亦可省下購買後備機台的經費。

「以前，只有堆高機行駛里程數已達保修關卡，或發生故障，客戶才會聯繫勤工公司。堆高機一旦故障，保修就得耗費 3 天以上，頗為麻煩。」林少頊樂觀地說，在數位轉型後，勤工公司為客戶提供的保修服務，從被動轉為主動，彼此合作關係更為緊密，「除了販售全新的智慧堆高機，勤工公司也可幫中古機加裝物聯網系統，將其升級為智慧堆高機，不必再添購新機。」

開創新冠肺炎疫情新活路

不僅可監控機身、零組件耗損，勤工公司還可出具數位保修履歷，讓用戶迅速掌握智慧堆高機的運搬歷程，方便進行溯源管理。林少頊強調，智慧堆高機雖無法為客戶開源，卻可為其節流，「如今，企業開源不易，節流更為重要。畢竟，企業每賺 1 元，淨利可能只有 0.1 元，但每節省 1 元，就是多賺 1 元。」智慧堆高機的售價，比一般堆高機高出 2

至 5 萬元；目前，約占勤工公司堆高機銷售額的 10%。林少顗解釋，智慧堆高機無法快速普及，關鍵在於使用堆高機的企業，數位落差甚大，數位化腳步較慢的企業，對智慧堆高機的接受度亦較低。

新冠肺炎疫情肆虐全球，勤工公司先前的數位化努力，為其開創了新的活路。原本仰賴「口耳相傳」行銷方式的勤工公司，陸續有閱讀網路訊息而來的新客戶，包括遠在印尼的台商；林少顗難掩驚喜地說，「這家印尼台商從未造訪過勤工公司，單憑電子信件往返，加上幾通電話溝通，就決定下單。」

透過第二代群組交流訊息

自數位轉型以來，與數位化相關的收入逐年提升，外銷比例也不斷攀升，現已增至約 10%；除了印尼，其產品已銷至美國與越南等東南亞國家。目前堆高機市場買斷仍占多數，林少顗希望能夠再強化租賃部分，以「訂閱制」服務，提供多樣化的保修選配組合，客戶可精準的使用機具，減少維修等費用。林少顗預期，數位轉型終將開花結果，業績可望於 2023 年時「大爆發」。

　　「堆高機加裝物聯網系統後，意即勤工公司與客戶共同管理堆高機。」林少頴表示，智慧堆高機、無人堆高機已是未來的必然趨勢，中國堆高機企業現已急起直追，但智慧堆高機、無人堆高機仍得由人管理，後援服務系統更是至關重要，「勤工公司正致力成為服務導向的企業，希望提高服務收入的占比，而堆高機將僅是載具。」

　　勤工公司持續投入數位轉型，但林少頴頗為謹慎，先蒐集、閱讀相關資訊，待確定升級、更新的項目後，再與軟體公司商議。除此，林少頴也加入數個企業第二代網路群組，成員們彼此交換訊息、學習經驗，也讓勤工公司的數位轉型之路，走得更穩健。

勤工公司小檔案：

創立：1996 年

創辦人暨董事長：林溪寬

執行長：林少顗

產業別：堆高機

地點：台中市大雅區

數位轉型心法：領導人必須躬身入局，先蒐集、閱讀相關
資訊，待確定升級、更新的項目後，再與軟體公司商議。
在林少顗「二代大學」的業師牽線下，勤工公司結合裕隆
汽車集團所研發的軟體平台，應用其物聯網技術，打造智
慧堆高機，透過建置於雲端的監控管理系統，可精準感測
並預測個別堆高機的零組件狀況，掌握維修時機。

13 | 昇洋生技

數位新進者 >>

取得 GMP、清真認證，
強化網路行銷到國際市場

要通過 GMP 認證，廠商必須記錄每個流程的溫度、轉速、攪拌時間、原料比例、操作順序等，才能確保產品品質不變，唯自動化，方可達標。

　　新冠肺炎疫情肆虐全球，實體店面銷售節節敗退，卻加快了企業自動化、數位化的腳步。保養品製造商昇洋生技董事長林秀鳳指出，除了新冠肺炎疫情遲遲未見盡頭，實體店面租金居高不下，加上《化妝品衛生安全管理法》規範，自 2024 年起，藥妝品、化妝品必須符合 GMP（Good Manufacturing Practice，良好作業規範）認證，皆是化妝品企業數位化的重要推手。

　　昇洋生技成立於 2011 年，不僅擁有自主品牌 Bravura、Bio Spindle，也是許多藥妝品、化妝品大廠的代工廠，代工業務涵蓋 OEM、ODM；2013 年，其取得經濟部工業局的

GMP 認證，2015 年，再取得哈拉認證（Halal Certification，又稱清真認證），獲得產品銷往伊斯蘭教國家通行證。

從成衣業跨足化妝品業

在創辦昇洋生技前，林秀鳳從事成衣業多年；為降低製造成本，她將生產線移往中國，鎖定歐洲市場，主打 0 到 8 歲的童裝。成衣生產線西移後，因看好化妝品、保養品的收益、前景，林秀鳳跨足化妝品市場，從進口做起，到設立工廠並著重開發「適合亞洲女性肌膚」的化妝品、保養品。

「台灣女生出國旅遊，幾乎都會帶化妝品、保養品回國，還幫親友代購。」林秀鳳回憶道，在成衣廠重心遷至中國後，看上化妝品、保養品的市場遠景，並且利潤遠高於成衣，因此創辦化妝保養品工廠昇洋生技，現約有 50 名員工。

林秀鳳坦承，在各種外國品牌的夾擊下，台灣化妝品、保養品品牌茁壯不易，迄今昇洋生技的收益，仍約 90% 來自代工業務，僅約 10% 來自自主品牌。昇洋生技曾幫上百家公司代工，包括多家化妝品、保養品大廠，與香港的知名品牌商，工研院、財團法人醫藥工業技術發展中心，亦是其客戶。

　　昇洋生技產品種類眾多，包括乳液、乳霜、面膜、眼膜、化妝水、精華液、防曬粉底液、洗卸清潔用品等，主要消費客群原為來台旅遊的中國觀光客，主要通路原為各地的免稅店。林秀鳳略帶無奈地說，「2016 年後，台灣再度政黨輪替，兩岸關係降溫，中國觀光客數量驟減，導致免稅店紛紛倒閉，影響昇洋生技營收甚鉅，必須開發國際市場為主軸」，昇洋目前擁有政府 GMP、國際認證的 ISO22716、以及清真認證，所以目前極力擴展外銷業務。

決心強化網路銷售力道

　　免稅店相繼關閉，但百貨公司、連鎖藥妝店的上架費與相關費用，依然居高不下，嚴重侵蝕昇洋生技的獲利；讓林秀鳳決心，加強官網與電商平台的銷售力道。她直言，「5G 時代到來，實體店面已非電商平台的敵手，一些網紅拍攝一支影片，就可幫經銷商快速銷售產品，讓製造商非常羨慕。」

　　不過，林秀鳳加重語氣說，「終端銷售與研發、製造，完全不一樣」，昇洋生技雖擅長研發、製造，但跨入終端銷售，卻備感艱辛，「只是，數位化已勢在必行，網路行銷正是突破困局的出口，並增加自主品牌的銷售量」，而網路行

銷的優點，在於「可快速、直接地分析昇洋生技顧客的偏好
與購買意願，讓製造、研發更精準」。

在台灣逾 1000 家化妝品、保養品廠商中，現約有 68 家
廠商通過 GMP 認證，比例很低。林秀鳳解釋，產品可進行
溯源管理，是 GMP 認證的標準之一；要通過 GMP 認證，
廠商必須記錄每個流程的溫度、轉速、攪拌時間、原料比例、
操作順序等，才能確保產品品質不變，「唯自動化，方可達
標」。

只是，自動化不等於數位化。在生產化妝品、保養品的
過程中，昇洋生技員工必須視現場實際狀況，不斷調控各種
設備、儀器，才能讓所生產的化妝品、保養品，品質符合
GMP 認證的標準。林秀鳳考慮，日後讓員工們使用平板電
腦，將作業流程數位化，以期可更精準地調控製造流程。

藉由數位化擴大國際化

因昇洋生技早已通過 GMP 認證，也取得 ISO 認證，待
生產流程進一步數位化後，未來主要心力將放在行銷數位化
上。除此，林秀鳳計劃建立昇洋生技的資料庫，讓員工可迅
速檢索產品的相關資料，「不必再辛苦地翻查目錄、文件，

所需資訊一目了然，節約可觀的時間、精神。」

「與其他國家相較，台灣人口少、市場小，且設立化妝品公司的門檻頗低，競爭相當激烈。」林秀鳳認為，台灣化妝品、保養品市場早已飽和，日系化妝品、保養品根深柢固，韓系化妝品、保養品又強勢來襲，昇洋生技唯有進軍國際市場，才能擴大生存空間，「在中國，昇洋生技現已有代理商，主攻美容院。中國美容院密度甚高，化妝品銷量可望持續創新高。」

在可見的未來，無論是深耕台灣市場，或拓展國際市場，林秀鳳相信，最佳途徑皆是強化數位行銷，別無他路，「昇洋生技產品品項齊全，平台建構亦相當完整，只要行銷策略得宜，業績必定有突破性的成長。」

先前，昇洋生技藉發展代辦業務，已為進軍國際市場，奠定了深厚的基礎。其一，昇洋生技可協助其他廠商，辦理中國化妝品許可證申請，營業內容涵蓋配方的設計、開發、審核和檢驗、打樣，及產品確認、送審、檢驗，一直到標籤審核、代工生產、中國海關提貨等，提供「一條龍」服務，昇洋已經成功辦過數百件的大陸化妝品進口許可證了。

最困難是數位專業人才

其二，昇洋生技也已建立清真獨立的生產廠房與原料存放區，符合哈拉認證的原料配方，協助化妝品成分送件審核，與申請化妝品的資格認證，協助客戶直接進軍伊斯蘭教市場，特別是印尼、馬來西亞等東南亞伊斯蘭教國家。

昇洋生技邁向數位化的進程，林秀鳳將先引進軟、硬體設備，但「最困難的是數位化專業人才」，考慮將相關業務外包給軟體公司，以縮減數位化流程，更將向經濟部中小企業處申請 SBIR（Small Business Innovation Research，小型企業創新研發計畫）專案補助，降低經濟負擔。

昇洋生技小檔案：

創立：2011 年

創辦人暨董事長：林秀鳳

產業別：化妝品、保養品

地點：新北市五股區

數位轉型心法：因中國觀光客數量驟減，免稅店也紛紛倒閉，影響營收甚鉅，必須另謀生路，決定加強官網與電商平台的銷售力道。未來，除強化生產流程數位化，亦計劃建立資料庫，節省檢索產品資料的時間。

Chapter 2

策略合作

01 | 成本驅動 >>
建裕國際集團

大企業下的支援首力，
與同業合作深耕物流產業

以將受託運的原物料裝卸、剷裝、堆積作業為例，看似平凡無奇，但技術門檻甚高，必須以挖土機、剷裝機交互配合，縱使是擁有 20 多年貨運經驗的司機轉職，也不見得可勝任。

　　同業不一定相忌，也可能相互扶持；縱使是勞力密集的產業，企業也不一定奉行零和原則，也可能彼此拉抬、共存共榮。以原物料倉儲、裝卸、原物料物流業務起家的建裕國際集團，長期配合正隆集團旗下的山隆通運、遠東集團旗下的富民運輸，在其運輸能量不足時予以支援，藉此逐漸壯大。

　　建裕國際集團創辦人暨董事長陳盛德指出，正隆集團、遠東集團皆家大業大，旗下子、孫公司與關係企業、轉投資公司眾多，集團運輸數量相當龐大，大多由自家運輸公司負責，唯有超出其運輸能量的散裝貨櫃，才轉包給建裕國際集團。

北台灣唯一合法煤炭運輸公司

　　建裕國際集團現有20多台貨車，還有6至8台靠行車輛；若委託量仍超出上限，則向其他車行徵調車輛，賺取其中的差價。陳盛德分析，各運輸公司相互奧援，可省下購買、維修車輛與增聘司機的可觀成本，建裕國際集團因「搭著巨人的肩膀」，才能不斷成長、茁壯。

　　建裕國際集團運送的原物料，主要為煤炭、鹽巴、鈦礦、水玻璃（即矽酸鈉）等，除了承接山隆通運、富民運輸轉包的運輸業務，主力客戶還包括台電、義芳化學、大園汽電、台灣科慕（美商杜邦台灣分公司）、永豐餘集團等，偶爾也支援台塑集團。且因台電的火力發電廠不可一日無煤，建裕國際集團幾乎全年無休，一年僅農曆除夕晚上至正月初一上午放假。

　　早年，陳盛德與朋友合資成立倉儲公司，承攬建新國際在北台灣的業務，並成立車隊；2003 年後，先後創辦建富國際、建裕國際、建茂通運等 3 家企業，皆為獨資。在建裕國際集團中，3 家企業彼此分工合作，建茂通運主力業務為北台灣的物流運輸，建富國際、建裕國際則專營物料管理。

　　「運輸、倉儲兼報關產業要角的建新國際，向為建裕國

際集團重要客戶之一，主要基地為台中港，故將無法兼顧的北台灣業務，委託給建裕國際集團。」陳盛德強調，建裕國際集團旗下的建富國際，現為北台灣唯一合法的煤炭運輸公司，擁有數個堆煤場，現並無其他競爭者，且客戶皆為上市櫃企業，營運相當穩健。

興建物流倉庫約 7 年方可回本

陳盛德嚴肅地說，以將受託運的原物料裝卸、剷裝、堆積作業為例，看似平凡無奇，但技術門檻甚高，必須以挖土機、剷裝機交互配合，縱使是擁有 20 多年貨運經驗的司機轉職，也不見得可勝任，在工安管理嚴格、規範繁多的化學廠，作業更得小心翼翼，「於是，建裕國際集團平均薪資高於同業，員工流動率甚低。」

目前，建裕國際集團年營業額約新台幣 3 億元，在眾多業務中，以倉儲獲利占比最高；每月運輸的原物料數量，煤炭約 8 萬公噸，主要供應給台灣柯慕的鈦礦，約 2.5 萬公噸至 3 萬公噸，鹽巴約 2 萬公噸，但運價皆以公里數計算，無產品品項之別，淨利約 30%。

近年來，建裕國際集團添購自動卸煤機，大幅拉抬港邊

卸貨的作業效率。陳盛德解釋，煤炭價格漲跌不影響建裕國際，運費隨煤炭價格上漲而增加，隨煤炭價格下降而下修，但因柴油不會跌破生產價格，運費亦有最低基本價，「運輸量愈大、固定客戶愈多，獲利愈高。」

　　台灣企業對物流倉庫需求甚殷，陳盛德透露，興建物流倉庫，至少得投資上億元資金，需 6 至 7 年才能回收成本。建裕國際集團與一般企業客戶，皆簽訂 10 年專用租期，約第 8 年後才開始獲利；唯客戶續約，方能提升投資報酬率，「畢竟，倉庫維修、鐵皮更新費用，颱風來襲時強化防備措施，遠較新建廠房低廉。」

與越南平陽省政府合建新碼頭

　　客戶租用建裕國際物流廠房，除應支付廠租，還要負擔原物料裝卸費、管理費、地磅費，與進廠費、出廠費；目前，建裕國際集團正在擴增廠房，供義芳化學專用，待廠房啟用後，煤炭將全部堆置於室內。因政府對化學廠物流廠房環保規範頗為繁雜，未曾風聞任何大企業意欲插足相關業務，尚屬獨門生意，建裕國際集團現並無造成威脅的競爭者。

　　建裕國際集團現有 5 個物料堆置場，皆位於鄰近台北

港、住戶稀少的桃園市蘆竹區海湖社區，因煤炭等原物料劃歸汙染列管品，還得定時派遣灑水車，巡邏場區灑水，以免粉塵飛揚、引發空汙，造成鄰里抱怨申訴，甚至遭政府環保部門開罰。陳盛德再三重申，建裕國際集團物料堆置場已致力符合環保法令規範，以消弭不必要的紛爭、對立。

先前，陳盛德已將建裕國際集團旗下企業的車輛調度、維修，與重型機具管理等事務，全權交接給 2 個兒子，自己則專事財務、與客戶洽商等事務。與大多數企業相較，建裕國際集團員工平均年齡略高，約為 45 歲；重型機具駕駛較年輕，拖車駕駛則多聘僱較年長、個性沉穩者。

除了物流產業，陳盛德還跨足數個產業，曾生產自行車安全帽，也從事進口貿易，從越南進口原木、木雕、家具、啤酒、石雕工藝品至台灣，亦投資越南房地產市場，頗有收穫。在越南親友的協助下，建裕國際集團與平陽省政府合作興建的新碼頭，近期即可正式營運；建裕國際集團可望承攬新碼頭運輸的中間接駁、中途運輸業務。

建裕國際集團小檔案：

創立：2003 年

創辦人暨董事長：陳盛德

產業別：物流

地點：桃園市大園區

員工數：約 60 人

策盟策略：長期配合正隆集團旗下的山隆通運、遠東集
團旗下的富民運輸，在其運輸能量不足時予以支援，藉
此逐漸壯大，並長期承攬建新國際在北台灣的業務；主
力客戶還包括台電、義芳化學、大園汽電、台灣科慕、
永豐餘集團等，偶爾也支援台塑集團。

02 | 成本驅動 >>
健生生技

與美廠上下游分工，
自創保健品牌搶攻兩岸

推出產品前，必先經過嚴謹的市場調查，並參酌台灣已上架的保健食品，委由美國專家提出專業評估與成分配比建議，再由健生生技進行選擇，之後再量產。

　　生技產業被視為 21 世紀的明星產業，台灣在施行全民健保後，生技企業更如雨後春筍般湧現。因為，全民健保施行後，雖使醫療資源不再嚴重貧富不均，卻也劇烈衝擊醫療器材產業生態，併發劣幣驅逐良幣的後遺症，外資醫療器材企業或縮減台灣編制，或撤出台灣市場，迫使諸多中、高階幹部相繼創業；健生生技創辦人暨董事長張庭瑞，即是其中之一。

　　曾在國際生技大廠嬌生（Johnson & Johnson）任職 10 餘年的張庭瑞，原負責手術器材銷售業務，工作穩定；但在全民健保施行後，因看好保健食品市場及部分特殊自費醫療器材市場，遂集資創立健生生技（CLK Nutrition Corp.）。

代理 Move Free 產品起家

創業初期，健生生技即取得 Move Free 產品的台灣、中國代理權，Move Free 為生技大廠 Schiff 旗下的關節保健品牌，知名度甚高。健生生技憑藉銷售 Move Free 產品及專業團隊銷售，在兩岸保健食品市場奠定厚實的基礎；不過，因保健品膠囊、錠劑類產品進口關稅高達 35%，導致 Move Free 產品的價格較高及網路代購盛行，市占率遲遲無法突破瓶頸。

而在英國清潔、健康產品巨擘利潔時（Reckitt Benckiser Group plc., RB）收購 Schiff 後，健生生技的 Schiff 產品代理權，亦隨之畫上休止符。2014 年起，健生生技開始研發自有品牌 CLK，並與美國東部各大知名錠劑製造商、膠囊製造商合作生產研發。

食藥同源，但食品、藥品的界線，各國規範不一；以葡萄糖胺為例，歐陸國家多列為處方藥，但在美國、日本、英國等國，卻被歸類為食材。因此，健生生技在推出產品前，必先經過嚴謹的市場調查，並參酌台灣已上架的保健食品，委由美國專家提出專業評估與成分配比建議，再由健生生技進行選擇，之後再量產。

美國大廠的建議，乃基於營養學及藥理學，健生生技的評估重點，則是考量市場需求、資金條件，彼此合作模式類似上、下游供應鏈之分工。張庭瑞強調，健康食品的成分、配比，皆屬公開資訊，不會衍生專利授權金。

自創品牌並克服業績衰退

目前，健生生技共有16項產品，包括女性、兒童、眼睛、骨關節、消化道專用保健食品；其中，以骨關節保健食品銷量最佳，護眼保健食品次之。

「為何要自創品牌？因為，即使是國際知名品牌的代理商，代理權亦可能生變。」張庭瑞提到，品牌之路不易，CLK 與 Move Free 同是關節保健產品，健生生技先尋求 Move Free 舊客戶的支持，卻遇上網路代購或電商削價競爭，CLK 的葡萄糖胺成分有 7 種，雖多於 Move Free 的 1 至 3 種，「但品牌問世初期，客戶尚不明瞭 CLK 的優點，推廣甚為艱辛。」

「無可諱言，許多台灣消費者仍偏愛低價產品，且又不夠專業。在市面上，常見大瓶裝的 99 顆維他命 B 群，售價僅 99 元，但來源、成分大有問題。」張庭瑞直言，健生生

技同樣的產品，售價約 800 元，品質雖較優，「但要改變消費者根深柢固的消費習性，相當困難。」

自創品牌後，健生生技隨即面臨業績衰退危機。張庭瑞嚴肅地說，保健產品應隨醫學新發現而調整成分，CLK 的成分配比即曾因此而更動；經過約 2 年的專業紮根推廣介紹產品特色，才逐漸爭取到客戶的認同，業績逐漸好轉。

經三角貿易進軍中國市場

目前，健生生技資本額為新台幣 2,300 萬元，共有 3 名股東，張庭瑞負責台北市總公司，另一名股東主導中國上海市分公司；除此，健生生技在美國洛杉磯，亦設有辦事處。

除了台灣市場，健生生技產品亦透過三角貿易，出口至中國的口岸店（如中蒙、中俄邊界），與中國免稅店公司（China Duty Free Group）在各大機場的據點；外銷中國的營業額，現占總營業額的 20% 至 30%。

張庭瑞直言，中國市場潛力豐厚，將是健生生技未來的重點市場，但自建銷售據點並不符經濟效益，委由經銷商代售為宜，「健生生技也曾試探過越南、緬甸市場，但因文化、語言、法令更加複雜，現已暫停腳步。」

　　在台灣，健生生技與客戶交易，一律採切票制，客戶得
預繳貨款，再分批提貨，以確保企業權益；目前，全國約有
600 家簽約客戶。在中國，為避免橫生枝節與保健食品政策
陡變之爭端，則採現金交易。

鎖定診所為業務推廣重點

　　「在台灣，保健食品企業不僅得支付高額關稅，還有沉
重的庫存壓力。」張庭瑞直言，大型醫療用品收費項目繁雜
且昂貴，一般傳統藥局也非主要通路良選，幸而健生生技與
杏一、維康醫療用品 2 家醫療連鎖店合作愉快。

　　張庭瑞出身業務，在他帶領之下，健生生技捨大型醫療
用品通路商，「與醫師打交道」以診所為業務推廣重點。因
一般消費者對保健食品仍深有疑慮，期藉由醫師之推薦，提
高消費者的認同感。目前，以診所為通路的銷售業績，約健
生總業績的 65%。

　　「在可見的未來，因電子商務崛起，實體通路影響力必
將萎縮，醫療用品通路亦不例外。」張庭瑞分析，電子商務
商因無須店租，產品售價可較實體通路低約 15%，更易受消
費者青睞，健生生技亦將強化在電子商務網站的銷售力道。

未來將聚焦於銷量佳產品

　　不過，縱使若干保健食品確實具備療效，但根據台灣現行法令，廠商不得宣稱產品療效；因此，健生生技業務人員需具備良好的醫學、營養知識，才能獲得診所醫師的信任，培育、管理皆頗為辛苦。

　　在可見的未來，張庭瑞表示，為降低資金壓力，健生生技擬刪減銷售量較低的產品，將資源集中在銷量較佳的產品，預計將產品品項降至 13 項，並將積極訪視優質客戶，希望可深化與約 200 家診所的合作關係，「如此，既可維持業績於不墜，又可撙節約 50% 的人事成本。」

健生生技小檔案：

創立：2005 年

創辦人暨董事長：張庭瑞

產業別：保健食品

地點：台北市松山區

海外據點：中國、美國

策盟策略：原代理 Schiff 旗下的關節保健品牌 Move Free。在 Move Free 代理權被收回後，自創品牌 CLK，並與美國東部知名錠劑製造商、膠囊製造商合作生產。彼此合作模式類似上、下游供應鏈之分工，健生生技在推出產品前，先著手嚴謹的市場調查，並參酌台灣已上架的保健食品，委由美國公司提出專業評估與成分配比建議，再由健生生技進行選擇，之後再量產。

03 | 成本驅動 >>
玄懋科技

以誠信找結盟，
互通資源攜手搶攻無線充電商機

集中採購 2 家企業的共用材料，如 PC 板、塑膠料、印刷材料等，發揮以量制價的效益，成功降低雙方的生產成本。

　　略為關注國際財經新聞，就不難發現，國際企業巨擘動輒以高價併購、注資明星新創企業，或是曾帶領潮流、但輝煌不再的知名品牌；併購的動機不一而足，或為拓展事業版圖，或為化敵為友，或為奪取關鍵專利、技術、人才。

　　無可諱言，部分台灣企業雖認真、勤勉，但只懂得直線向前，商業策略較為呆板；當產業趨勢轉移時，除了撙節開支、咬牙苦撐，即無其他應變手段。幸而，愈來愈多企業如玄懋科技般，習得國際企業靈活的商業策略，懂得未雨綢繆，讓企業持續走在產業趨勢的浪頭、潮尖上，無懼浪起、潮落。

從通路業者轉為製造商

創立於 1993 年的玄戀科技，專營三星官方授權之記憶體經銷商。初期主力業務為電視、電腦遊戲周邊產品買賣，之後轉為生產遊戲記憶卡，並逐漸擴展產品品項、業務範圍。玄戀科技董事長林家慶指出，20 世紀 90 年代時，電子商務尚未勃興，IC 晶片價格並不透明，買賣尚有相當利潤，玄戀科技市場定位接近通路企業，「如今，電子零組件價格已相當透明，僅有大型通路可立足。」

為求生存，玄戀科技從通路業者轉型為製造商，在打開知名度後，還爭取到索尼（Sony）、任天堂遊戲的華人地區獨家代理權。因主要販售通路大多為大型連鎖商，玄戀科技為不斷注入新的產品，以提高市占率與競爭力，遂相繼與其他企業進行策略聯盟，整合製造、技術研發與通路行銷。

如今，玄戀科技已擴張為一企業集團控股公司，整合並協助旗下子公司的財務及營運。目前，玄戀科技集團旗下擁有 Asian Games Corp.、MiNGO Pacific Corp.、CCS（China Consulting and Sourcing Ltd.）、FlashFire 等 4 大子公司，分別經營不同的產品線，生產線分別設於台灣、中國。

Asian Games Corp. 專營電腦、遊戲機周邊產品，並是全

球領先品牌的代工廠。MiNGO Pacific 主攻時尚 LED 燈，現已搶灘歐洲市場。2006 年，CCS 在中國深圳市成立，業務為提供亞洲地區的產品品質核對與工廠審查服務。FlashFire 為玄戀科技的自有品牌，現已行銷歐、美、日本等 30 餘國。

選擇結盟企業首重誠信

　　「遊戲雖是百年事業，但產業趨勢卻不斷改變，玄戀科技亦得與時俱進，否則實難長保榮景。」林家慶直言，當下雖僅行動通訊裝置的無線充電技術較為成熟，但在未來 10 年，無線充電的應用範圍將愈來愈廣，潛在商機豐厚，必將擴及其他民生、工業應用，「為另闢利基市場，玄戀科技投資專營無線充電產品的佑驊實業，目前占 20% 股權。」

　　佑驊實業的無線充電技術，2019 年將可升級至 30 瓦（W）以上，將成平板、筆記型電腦的充電利器，到 2020 年時，更可望升級至 50 瓦，足以供應烤箱、微波爐等廚房用具之用電。

　　現兼任佑驊實業董事長的林家慶透露，玄戀科技、佑驊實業因有共同客戶，在玄戀科技注資佑驊實業後，即結盟整合、互通彼此的資源，強化彼此的戰力，並集中採購 2 家企

業的共用材料，如 PC 板、塑膠料、印刷材料等，發揮以量
制價的效益，成功降低雙方的生產成本。

　　「企業結盟一如人類結婚，務必慎選對象。」林家慶直
言，企業篩選結盟對象，應首重誠信，否則結盟將難以長久，
玄戀科技、佑驊實業不僅商業信譽良好，商業模式更相容，
「在合作之後，可運用的資金更充沛，雙方得以分享客戶資
訊，技術層次、企業價值皆再上層樓，業績更有明顯的成長，
達成 A+B ＞ C 的目標。未來，業績更可達結盟前的 3 倍。」

中小企業應結盟以轉型

　　玄戀科技與佑驊實業結盟後，優點還包括：在開發新商
品時，可更精準、有效益，且降低投資損耗，與市場過於集
中的風險。而 CCS 亦由玄戀科技與一家德國企業合資創辦，
2 家企業各占 50% 股權，以期獲知確實的採購、銷售情報，
並發現品質精良、卻不參加會展的代工廠。

　　「2 家企業結盟，磨合期無可避免。在我看來，玄戀科
技、佑驊實業結盟現仍處於磨合期。」林家慶直言，玄戀科
技特長為創意、行銷，但所結盟的企業或精於製造，或敏於
研發，彼此員工的思考邏輯、學經歷背景差異甚大，關於技

術研發、業務拓展、廣告內容等，認知有時南轅北轍，「通常得歷經長時間的溝通，方可達成共識。」

除此，玄懋科技內部管理早已制度化，但結盟企業若是由製造商起家，派系既成管理阻力，又是結盟障礙，磨合不易。磨合的另一關卡，則是玄懋科技雖受限於企業規模，較難吸引一流畢業生應徵，但常態性舉辦讀書會，以提振員工素質，培養內部默契；反之台灣製造業多專注於訓練員工專業技能，較少如身心靈的多元課程。

台灣製造業轉型壓力迫在眉睫，林家慶更認為，中小企業無法如大集團般撒金併購，故玄懋科技選擇結盟以求轉型，「但結盟後，亦得轉換思維、嘗試新的策略，如研製高端產品、開設體驗店等，以求拓展新客群。」

將於中國設遊戲體驗店

雖然，玄懋科技早年曾在中國、東南亞國家開設燈具體驗店，可惜客戶接受度不高，以失敗告終，但未澆熄林家慶求新、求變的雄心。而在 2010 年後，中國企業已成台資企業重要競爭對手，加上電子商務崛起，導致實體店面式微，代工成本逐年提高，玄懋科技遂加快求新、求變的腳步。

　　林家慶揭櫫，在可見的未來，玄戀科技將開闢電競、手機手遊、電視遊戲的體驗中心，並招募會員，將優先在中國深圳市、廣州市等大城設點，更計畫與美國電子遊戲大廠 GameStop 策略聯盟，並開放中國網咖加盟。

　　「遊戲產業的最終商業模式，應為 O2O（Online to Offline，線上到線下），即消費者在網路上付費，在實體店享受服務，或取得商品。」林家慶表示，中國雲集購物網之回利、視消費者為店家的經營策略，非但是 O2O 的成功案例，更將是玄戀科技效法的對象，「預估在 3 年後，O2O 便將趨於成熟，廣為消費者接納。」

玄戀科技小檔案：

創立：1993 年

創辦人暨董事長：林家慶

產業：電子遊戲

地點：新北市三重區

海外據點：中國

員工數：40 餘人

策盟策略：為不斷注入新的產品，以提高市占率與競爭力，相繼與其他企業進行策略聯盟，整合製造、技術研發與通路行銷。為另闢利基市場，投資專營無線充電產品的佑驊實業，目前占 20% 股權，整合、互通彼此的資源，強化彼此的戰力，並集中採購 2 家企業的共用材料，如 PC 板、塑膠料、印刷材料等，發揮以量制價的效益，以降低雙方的生產成本。

04 ｜寬濱企業

躋身國際品牌布料供應商，
營業額成長 6 倍

因寬濱企業扮演強力後盾，確保布料通過歐盟 RoHS、REACH
標準與美國 FDA（Food and Drug Administration，食品藥
品監督管理局）認證，既可讓客戶省下可觀的檢驗成本，又
能讓客戶無後顧之憂地衝刺業績。

　　台灣曾是紡織王國，今日紡織業雖不再是炙手可熱的明
星產業，但在全球紡織業供應鏈中，仍占有舉足輕重的一席之
地。若干台灣紡織企業，如寬濱企業，藉著與國際運動服飾品
牌巨擘結盟，維持強勁的市場競爭力，更不斷擴張企業規模。

　　成立於 1996 年的寬濱企業，創辦人暨總經理吳書儀從
事紡織業已 30 餘年，具備豐富的產品知識、銷售經驗。寬
濱企業創立後，先從事布料買賣，之後再轉為布料製造商，
品項包括胚布、針織布、人造棉布、伸縮尼龍布、特利可得
（tricot，經編針織）布等，現已是全球數家知名運動品牌商、
行李箱品牌商、醫療器材商的指定布料供應商。

主力客戶轉為國際品牌商

　　寬濱企業的布品，原本多應用於工業用、傢飾布等。吳書儀指出，因硬殼行李箱市場需求已逐漸萎縮，寬濱企業為另闢財源，積極研發彈性較佳的 TPU（Thermoplastic Urethane，熱塑性聚氨酯）、TPE（Thermoplastic Elastomer，熱塑性彈性體）等原料，以取代傳統的 PVC（Polyvinyl Chloride，聚氯乙烯），並應用於救生衣、救生筏、醫療床、汽車安全氣囊等產品，後更擴及釣魚、野餐所用的軟式冰箱。

　　創立初期，寬濱企業主力客戶為福基創新材料等國內廠商，僅獲得短期訂單，更得隨時因應市場潮流，開發新色澤、新規格的布品，且利潤偏低。在寬濱企業研發出 TPU、TPE 等新材料後，因此類產品較注重物性檢測，不必頻繁地開發、更新布料規格，可與品牌商簽訂長期合約，穩定供貨給品牌商指定的代工廠，利潤亦提高甚多。

　　「剛創業時，常被譏諷，英文這麼差，竟敢從事貿易。我總是回應，又沒人規定英文不好，就不能投身國際貿易。」吳書儀苦笑道，創業初期，寬濱企業屢遭客戶惡意殺價，或不認口頭協定，只好咬牙撐過，「之後記取慘痛教訓，交易前必先簽訂契約。」

此後，寬濱企業主力客戶轉為國際服飾品牌商，曾與愛迪達（Adidas）、耐吉（Nike）等運動服飾巨擘合作 10 餘年，現最大客戶已轉為 Under Armour 等品牌商，合作時間亦已超過 10 年。兩者曾有數年重疊，但因上述運動品牌商互為競爭對手，皆要求寬濱企業「選邊站」；最後，寬濱企業選擇 Under Armour。

協助檢驗布料與溯源管理

「除了提供客戶樣品、布料，寬濱企業並與台灣檢驗科技（SGS 台灣）合作，協助客戶檢驗布料，進行溯源管理。」吳書儀強調，因寬濱企業扮演強力後盾，確保布料通過歐盟 RoHS、REACH 標準與美國 FDA（Food and Drug Administration，食品藥品監督管理局）認證，既可讓客戶省下可觀的檢驗成本，又能讓客戶無後顧之憂地衝刺業績。

「寬濱企業為單純的布料製造商，不涉及銷售，亦沒有自有品牌。」吳書儀解釋，以行李箱客戶為例，當行李箱企業將推出新款旅行箱時，寬濱企業負責開發適合應用於該款旅行箱的布料，再由行李箱企業的代工廠向寬濱企業下單。

寬濱企業亦與上游協力廠商策略聯盟，並在契約中明訂

保密條款，寬濱企業與協力廠商共同開發的布料，協力廠商不得將此布料的樣品，提供給寬濱企業客戶的其他供應商，以捍衛寬濱企業的權益與市場競爭力。

　　不過，縱使寬濱企業與上游協力廠商默契深厚，但也曾遭逢斷貨危機。2000 年時，因台灣聚酯纖維（polyester）廠大舉遷移中國，加上客戶紡織配額短缺，導致寬濱企業 1 年多未接獲任何訂單。為避免重蹈覆轍，寬濱企業自此執行提前向紗廠下單備料的策略，同時要求客戶預簽出貨合約，防範危機於未然。

收購符合環保規範染整廠

　　經過不斷地研發、創新、改良，且與下游客戶、上游協力廠商長期維持良好關係，寬濱企業的年營業額從早年約新台幣 5,000 萬元，現已提升至新台幣 3 億元，成長 6 倍，稅前淨利亦從初期 5% 倍增至約 10%。利潤提升之後，寬濱企業相繼轉投資染整廠等周邊事業體，以強化整體戰力。

　　「昔日，寬濱企業營運的最大困擾，莫過於與染整廠合作不順暢，有時甚至影響交貨進度。」吳書儀略帶無奈地說，在曾合作的染整廠中，有的為分散風險，刻意壓抑

寬濱企業委託染整量的占比，寬濱企業製程可能就此遭延宕，有的染整廠更因油價上漲，或無法符合環保法令規範，被迫關廠歇業。

　　為一勞永逸根除此困擾，吳書儀決定收購一家符合環保法令規範、位於桃園市大園區的染整廠，進行生產鏈的垂直整合，既可完全掌握製程進度，又有利於爭取品牌商的訂單，「只是，未來若要擴大訂單數量，染整廠尚得添購新設備，提高染整量能。」

未來將跨入最終產品製造

　　寬濱企業與國際品牌商簽約期限起碼 3 年，但在契約中明訂，產品價格可 1 年 1 議。吳書儀不諱言，縱使簽有契約，若遭逢國際油價大幅上漲等特殊狀況，客戶仍會向寬濱國際殺價，有時還質疑價格為何高出中國布料供應商甚多，「此時，寬濱企業就得說之以理、動之以情，打消客戶的疑慮。最後，客戶考量產品品質良莠，仍會選擇與寬濱企業合作。」

　　在可見的未來，吳書儀規劃，寬濱企業可效法另一家紡織企業「力鵬企業」的營運模式，進一步跨入生產最終產品，不再僅是布料供應商，「但跨入生產最終產品，前提為不與客戶競爭。」

寬濱企業小檔案：

創立：1996 年

創辦人暨總經理：吳書儀

產業別：化學纖維、紡織

地點：新北市中和區

策盟策略：研發出 TPU、TPE 等新材料後，因此類產品
較注重物性檢測，不必頻繁地開發、更新布料規格，可
與品牌商簽訂長期合約。此後，主力客戶由國內廠商轉
為國際服飾品牌商，現最大客戶已轉為 UA 等品牌商，
合作時間亦已超過 10 年；並與台灣檢驗科技合作，協助
客戶檢驗布料，進行溯源管理。

05 | 策略驅動 >>
安口食品機械

協助客戶整廠設計來擴大營收，
與日、法共研發產品開發新興國家

台灣的食品機械已經沒有價格競爭優勢，整廠輸出是台灣可以努力的方向。

　　台灣雖是蕞爾小島，卻是美食勝地，海納百川、兼容並蓄，各國美食皆在此生根、發芽。卻罕有人知曉，台灣食品機械產業產品亦已行銷全球；安口食品機械正是佼佼者之一，各式食品機械已銷往 112 個國家。

　　安口食品機械創立於 1978 年，初期主力產品為免插電豆芽菜培育機。1985 年，創辦人暨董事長歐陽禹評估，中式食品全球普及率勢將遞增，遂決定投入食品機械研發、生產，第一個產品為全自動春捲機。

積極考察各國食品特性

1987 年起，安口食品機械成功研發一系列中式食品機械，包括製作餃子、燒賣、餛飩、鍋貼、蝦餃、湯圓、包子、饅頭、蔥油餅等食品的機械，品項相當多元。除製作粽子的機器，迄今尚未研發成功；製作其他中式食品的機器，安口食品機械幾乎一應俱全，統一、龍鳳、義美、味全、五花馬、海霸王等食品與餐飲業者皆為客戶。

創業初期為開發新產品，歐陽禹每年耗費新台幣數百萬元，奔波德國、法國、杜拜、美國、新加坡等國，參加各大國際專業食品機械展，展出配合市場需求研發出來的新機械，並與各國客戶洽談了解他們的實際需求，且前往各國超市、食品廠，考察各國食品特性與市場需求。

「印度人口數 13 億 5,000 萬直逼中國的 14 億人口，加上周遭文化與飲食習慣相近的孟加拉、巴基斯坦等國，與散布於他國的印度裔民眾，總數相當可觀。」造訪印度數次的歐陽禹相信，印度食品銷量必將逐年揚升，安口食品機械更因應印度客戶需求，1990 年相繼推出製作印度麥餅（Chapati）、印度麵餅（paratha）、奶豆腐甜湯圓（Rasqula）與咖哩餃（Samosa）等印度傳統食品的機器，甚受歡迎。

　　因目標市場明確、行銷策略正確，安口食品機械營運步入坦途。到了 1992 年，歐陽禹發願，要讓安口食品機械成為全球最大的種族食品機械製造商，並投入研發適用於東歐、中東、非洲、俄羅斯、北美洲、中南美洲與東南亞市場的食品機械，且卓然有成。

穆斯林食品機械商機大

　　為擴大產能，安口食品機械該年亦在中國浙江省寧波市，獨資設立寧波安口與寧波鴻來兩家機械製造廠，專事生產食品機械零組件；之後，又在美國設分公司，有機械展示中心與售後服務部門。

　　「機械製作的食品，仍會與手工製作的食品有所差異。」歐陽禹舉例，以小籠湯包為例，鼎泰豐手工製成品為 18 摺，含水量較高，安口食品機械小籠湯包機器製成品為 12 摺，但若非味覺過人的老饕，實難覺察兩者間的差異，「民以食為天，食品機械市場絕不會衰退。」

　　1998 年後，除製作冷凍食品的機器，安口食品機械更跨足生產烘焙特定食品的機器，如烘焙蘋果派、酥皮糕點（Puff pastry）、棗泥餅（Mammoul）、墨西哥捲餅

（Burrito）、煎餅（Bliny）的機器，還開發出水產食品加工機器、肉品加工機器，協助客戶製造高附加價值的食品。

　　長期以來，安口食品機械特別著力於開發新興國家市場，曾大力開發俄羅斯、東歐國家市場；近年來，又將目光焦點，轉移至穆斯林市場。「全球穆斯林人口現約 18 億，未來必將超越基督徒，潛在商機相當豐厚，已是兵家必爭之地。」歐陽禹解釋，俄羅斯與周遭以斯拉夫民族為主體的國家，合計亦有數億人，一度是安口食品機械成長最快速的市場。

終於達成整廠輸出目標

　　在穆斯林國家中，安口食品機械不僅耕耘印尼等伊斯蘭教大國，也不遺漏罕獲關注的中亞諸國。日前，歐陽禹甫帶領台灣食品機械團，前往哈薩克參觀工廠，並與該國的食品機械協會簽訂 MOU（Memorandum of understanding，備忘錄），為日後合作鋪路。

　　台灣諸多傳統產業皆視東南亞國家為下一個重點市場；但歐陽禹建議除了東協 10 國的最重要市場，食品機械廠商也要設法拓展印度、澳洲、紐西蘭等國，也富有商機。他更呼籲，由於杜拜、敘利亞、印度、中國大陸等國技術進步甚

快，已是台灣安口食品機械產業的勁敵。

　　食品機械品項繁多，安口食品機械無法獨力研發所有食品機械。歐陽禹指出，光是製作餃子，就得應用篩粉機、麵糰攪拌機、洗菜機、切菜機、絞肉機、調味機、冷凍機與包裝機等，研發並非易事。

　　數年前，歐陽禹擔任台灣食品機械公會理事長，即致力進行會員企業之間的垂直、水平整合，將會員廠商整合為各種不同產品的供應鏈；台灣的食品機械已經沒有價格競爭優勢，整廠輸出是台灣可以努力的方向。

官網有 40 種語言的版本

　　2013 年，安口食品機械在新北市三峽區興建新廠，面積約 2000 坪，除擴大食品機械的產能，更可進一步提供客戶整廠、整線的設計與輸出服務，服務範疇包括廠房規畫、原物料處理、生產動線規劃、生產流程優化、新產品客製化研發與生產等。目前，整廠、整線的設計與輸出服務貢獻之營收，已逐年成長。

　　不過，安口食品機械屬於中型企業，在世界各國行銷除了直銷外，不少是仰賴經銷商。與經銷商的合約採 1 年 1 簽

制度，未達目標值者，立即汰舊換新；目前安口食品機械已拓銷到全世界 112 國。

網路普及化後，讓安口食品機械全球行銷更為便利，約 7 成的新客戶是經由網路而來。安口食品機械官網，總計有 2 萬 1,000 頁、40 種語言，除了每月定期寄發電子報，提供最新的世界飲食資訊給予既有及潛在客戶；同時不定期將成功研發客戶新型食品機械撰寫成文，有時因可讀性高被媒體記者轉載運用，也帶動客戶主動接洽，比例逐年增加。

在技術研發上，安口食品機械除了自己培養的 20 多名研發人員外，現在與日本、法國企業合作，共同研發配合市場需求的新型食品機械。在台灣，安口食品機械主要合作單位是食品研究所，先前曾一齊研發製作特殊外型包餡麻糬的機器，現正共同研發新的合作案。

優勢在創新、售後服務

與電子科技產品相較，食品機械門檻比較不高；在全球，安口食品機械有上百個競爭對手，包括 3 至 4 家台資企業，與 30 多家中資企業。歐陽禹樂觀地說，有競爭才有進步，安口食品機械的競爭優勢，在於持續創新與優質的售後

服務,「食品產業亦有新潮流,如墨西哥捲餅,先前僅流行於墨西哥,現已成為全球年輕人新寵,製作墨西哥捲餅的機器,需求即大增。」

安口食品機械小檔案：

創立：1978 年

創辦人暨董事長：歐陽禹

產業別：食品機械

地點：新北市三峽區中正路一段 351 號

網址：https://www.anko.com.tw/

海外據點：中國、美國

台灣員工數：約 106 人

策盟策略：數年前，歐陽禹擔任台灣食品機械公會理事長，致力進行會員企業之間的垂直、水平整合。安口公司也利用網路行銷，持續不斷依照國際市場的需求創新研發，每年參加國際專業大型展覽，和利用新開發的手機 APP，提高售後服務的快速與品質，藉以拉大與其他競爭者的差異化，以在競爭激烈的紅海市場中找到定位。

06 策略驅動 >> 皇加布料

與台企結盟、美國大廠技術合作，與多國異業結盟開發藝品

產品品質與日本、義大利等先進國家的婚紗禮服布料企業並肩，且不斷地改良、研發，生產量能又符合中國客戶的需求，質、量等面向皆具國際競爭力。

　　縱使在明星產業中，亦不乏黃昏企業；反之，在黃昏產業中，仍存在明星企業，而在明星企業的撐持、奮鬥下，黃昏產業亦可能翻轉為明星產業。在台灣，紡織業雖長期被視為黃昏產業，但專攻婚紗禮服布料市場的皇加布料，依然鬥志昂揚、蓄勢待發，準備迎接企業下一個黎明。

　　皇加布料創辦人暨總經理謝曉慧的父親，1971 年曾在台北市迪化街永樂市場開設宏光布行，專營內銷市場，主要經營布料零售，時間超過半世紀。自幼耳濡目染的謝曉慧，對紡織業製程、運作相當熟稔，在大學畢業後，即投身紡織業；基於讓傳統布業永續發展、提高紡織品附加價值之使命，

她在 1999 年創立皇加布業。

主戰場在國際市場

經過約 20 年的努力，皇加布業已從一家名不見經傳的小布商，躍居全球舉足輕重的婚紗禮服布料供應商之一，知名的國際婚紗禮服品牌 Elie Saab、Vera Wang、Yumi Katsura 等都是其客戶。目前，皇加布料主戰場在國際市場的國際客戶占總客戶的 70% 至 80%，靠著老客戶的引薦，客源不斷拓廣，遍布全球 60 餘國，以美國、西班牙與中東諸國企業為大宗。

當下，皇加布料的主要產品分為布料、蕾絲兩大系列，布料產品包括緞布、色紗、裡布、山東綢、喬其紗、歐根紗、菱角網、拉西魯、超硬網布、多臂小緹花等，蕾絲產品包括法國蕾絲、水溶蕾絲、刺繡蕾絲、亮片蕾絲等。

「台資企業客戶占總客戶的 20％至 30％，但仍多銷往其海外據點。」謝曉慧分析，早年台灣並無自製婚紗禮服，婚紗禮服多由日本、法國、義大利等國輸入，直到 20 多年前，婚紗禮服產業才逐漸萌芽，「雖然諸多紡織業者外移，但皇加布料仍固守台灣。況且，台灣紡織業供應鏈仍相當完

整且富有彈性，價格、效率仍深具國際競爭力，仍是創辦婚紗禮服企業的沃土。」

「一輩子結一次婚，對婚紗禮服品質之要求，自遠高於其他服飾。」謝曉慧指出，婚紗禮服數量較少，但製作流程較一般成衣更嚴謹、更講究、更耗時、更耗力，布料多採用蠶絲，或其他高單價布料，相關組合素材、配件高達上百種，特別是蕾絲布料，1個工人平均一個月只能產製1匹布，「故婚紗禮服單價相對較昂貴。」

質、量皆具競爭力

創立皇加布業後頭兩年，謝曉慧循序漸進地添購相關設備，完成廠房布建、管理電腦化，並落實技術、製程標準化，與申請相關環保認證。她強調，因紡織業製程繁瑣，只要任一環節有所差池，恐致延宕，加上台灣民眾環保意識高漲，故相關環保認證不可或缺。

婚紗禮服產業的特色為少量、多樣與高價，且技術門檻甚高。謝曉慧自信地說，經過持續研發、改良，已與諸多客戶培養出良好的默契與信賴關係，如結盟夥伴般相互依存；在關鍵技術上，老客戶亦支援皇加布業，讓皇加布業的技術

得以持續精進。

「皇加布業與客戶往來頗為密切，我常得飛往國外客戶處，實際瞭解客戶下一季的需求。」謝曉慧透露，海外客戶也常造訪台灣，與皇加布業切磋婚紗禮服的最新知識、最新趨勢。

皇加布業的經營策略在於產品品質與日本、義大利等先進國家的婚紗禮服布料企業並肩，且不斷地改良、研發，生產量能又符合中國客戶的需求，質、量等面向皆具國際競爭力，故業績得以逐年成長，且因技術門檻甚高，競爭對手較少。

已執婚紗布料牛耳

目前，皇加布業共有台灣雲林廠、大園廠，及中國東莞廠、印尼泗水廠等 4 個廠房；雲林廠專事生產布料，大園廠負責布料染整，因中國、印尼工資仍相對低廉，故東莞廠、泗水廠從事較耗人力的蕾絲加工工序，如縫珠、刺繡等。當下，東莞廠、泗水廠亦可自行生產布料，就近供應中國、印尼客戶之需。

「選擇在印尼設廠，除了在當地有熟識的友人，更因印

尼人個性溫和，不僅應聘人手較易，亦較少發生勞資糾紛。」
謝曉慧解釋，皇加布業初期主要市場為先進國家，現已逐漸
拓展至新興國家。

在台灣，皇加布業早執婚紗禮服布料領域之牛耳，而在
蕾絲布料領域，亦已排名前 2 名。為了精進技術，除了客戶
的奧援，謝曉慧每年 2 次赴法國學習最新時尚布料、顏色，
皇加布料亦與寬濱企業結盟，共同投資大園廠，並與 3 家美
國大廠進行技術合作。

為提升皇加布業的附加價值，謝曉慧相繼創辦珠兒小姐
服飾材料、萬菓國際藝廊。珠兒小姐服飾材料現已開發出逾
100 種設計課程，致力朝台灣文創 DIY 手作第一品牌的目標
前進；消費者應用其所販售的布料、零件，人人都可變成設
計師，盡情發揮創意、想像力，打造個人特色作品。

與客戶互信、互諒

「珠兒小姐服飾材料的宗旨，在於讓消費者享受 DIY
手作的樂趣，願意讓作品成為生活擺設，而非純粹打發時
間。」謝曉慧自信地說，珠兒小姐服飾材料消費者的作品，
每件都是獨一無二的首創，值得珍藏。

　　不僅因熱愛收藏藝術品，謝曉慧直言，更有感於「布愈賣愈便宜，藝術品卻愈賣愈貴」的趨勢，故創辦萬菓國際藝廊。萬菓國際藝廊營運方向另闢蹊徑，不盲目追逐流行，曾在 2009 年推廣土耳其藝術，2014 年與日本皇室御用品牌、擁有逾 170 年歷史的窗簾業者川島織物合作，充分展現異業結盟的創意。

　　「皇加布業的主要客戶，都是長期往來的老主顧。」謝曉慧透露，縱使在全球金融海嘯時期，若干客戶因財務吃緊，被迫延遲付款，皇加布業仍決意與客戶攜手共度難關，彼此建立起深厚的互信、互諒基礎，「未來，希望皇加布業在萬菓國際藝廊、珠兒小姐服飾材料等相關企業的扶持下，業績每年可維持約 15% 至 20% 的成長。」

皇加布業小檔案：

創立：1999 年

創辦人暨總經理：謝曉慧

產業別：婚紗禮服布料

地點：新北市新莊區

海外據點：中國、印尼

員工數：約 800 人

策盟策略：已與諸多客戶培養出良好的默契與信賴關係，如結盟夥伴般相互依存；在關鍵技術上，客戶亦提供應有的支援；亦與寬濱企業結盟，共同投資大圍廠，並與 3 家美國大廠進行技術合作。相關企業萬菓國際藝廊，與日本皇室御用品牌、知名窗簾業者川島織物合作，展現異業結盟的創意。

07 | 策略驅動 >> 睿澤企業

主召協力廠商大會互助共好，打造具銷售、教育、公益功能的「亞洛美精靈國度」

縱使知道轉型必將付出代價，陣痛期更將陷於混亂，但為長遠發展計，為符合客戶更進一步的期待，仍不得不為。

　　一粒沙中見三千大千世界，縱使甚少受到政府、媒體關注的商品，亦可撐起一家足稱「台灣之光」的中小型企業；以「亞洲第一品牌的芳香劑企業」為目標的睿澤企業，正是其中佳例。

　　睿澤企業成立於 1996 年，從「僅有兩張桌子的家庭式工廠」起家，之後業績、規模逐年成長。睿澤企業主力產品為汽車芳香劑，初期即自創品牌，因台灣市場胃納量不大，故主攻國際市場；但在國際客戶的要求下，決定轉為代工廠，一手包辦產品開發、設計、開模、製造等流程，最後再貼上客戶的商標。

台灣最大汽車芳香劑製造商

　　只是，睿澤企業創業後不久，台灣汽車芳香劑相關企業正大舉西進，產業供應鏈面臨斷鏈的巨大危機。考察過中國環境後，睿澤企業創辦人暨總經理黃祺娟評估無力兼顧兩岸事務，決定留在台灣，積極尋求與其他中小型協力廠商合作，並已躍居台灣最大汽車芳香劑製造商；近年來，產品品項更增列家用芳香劑、贈品類香氛製品等。

　　睿澤企業藉著密集參與國際性會展，平均一年達 10 餘次，以開拓國際客源，並充分掌握國際市場脈動。在國際市場立定腳跟後，睿澤企業再度推廣自有品牌 AROMATE；目前，在全球汽車芳香劑市場，AROMATE 市占率已逼近 3%，且仍穩定成長中。

　　度過產業供應鏈斷鏈的危機後，睿澤企業致力強化與協力廠商的合作關係。自 2001 年起，睿澤企業每年召集 2 次協力廠商大會，邀請 10 多家供應商、外包廠，包括模具廠、射出廠、紙卡廠等，彼此相互交流、群策群力，以期凝聚共識、解決問題。

　　「當下，若干協力廠商已由第二代接手經營，但與睿澤企業的合作關係未變。」黃祺娟強調，在 AROMATE 略具

國際知名度後，前來洽詢合作的廠商不知凡幾，但睿澤企業珍惜羽毛，在一個區域，僅與前 2 大或前 3 大的廠商合作，確保雙方可長期合作、共同成長。

將大力進軍家用、贈品市場

近年來，睿澤企業年營業額約新台幣 6 億元，在眾產品中，貢獻度最高的產品，仍是汽車芳香劑，約總營業額的 80% 至 90%，家用芳香劑、贈品類香氛製品合計約占 10% 至 20%。在可見的未來，睿澤企業將致力拉抬家用芳香劑、贈品類香氛製品的業績，與在總營收中的占比。

睿澤企業，不僅產品外銷超過全球 47 個國家，更稱是全亞洲最大的香氛製造商。

在睿澤企業汽車芳香劑的營收中，美國、日本各約占 30%，歐洲國家約 25%，其他新興國家合計僅 5%。黃祺娟樂觀地說，睿澤企業現以先進國家為主要市場，但在新興國家如非洲國家等，業績成長甚為迅速，未來占比可望逐年提高。

與國際客戶往來，睿澤企業為掌握核心技術，主要採取兩大模式，一是為其代工，如與日本香精公司合作，協助開模、拓展市場等業務，二是委託其擔任所在國家的經銷商。

　　2007 年後，睿澤企業營運步入坦途，每年業績皆成長 20% 至 30%。但到 2013 年，黃祺娟因判斷錯誤，導致睿澤企業跌了一跤；該年，因美國為睿澤企業重要市場之一，加上黃祺娟曾留學美國，自認瞭解美國市場，遂在美國成立分公司，以推廣自有品牌。

度過陣痛期、全力發展品牌

　　「成立美國分公司後，才發現自己對美國市場、法令，瞭解不夠深入。」黃祺娟感嘆地說，不僅推廣自有品牌阻力重重，甚至還喪失部分原有的美國客戶。2015 年，黃祺娟決定壯士斷腕，裁撤美國分公司，才避免損失繼續擴大。

　　而在 2013 年至 2016 年間，睿澤企業亦著手企業轉型，同時進行系統升級、製程自動化、人員再訓練，將廠房從新北市新店區，遷移至鶯歌區，並開發新產品，件件皆是繁複、艱鉅的大工程。因為遷廠，造成睿澤企業主管、業務人員大量離職，營運青黃不接。

　　「縱使知道轉型必將付出代價，陣痛期更將陷於混亂，但為長遠發展計，為符合客戶更進一步的期待，仍不得不為。」黃祺娟解釋，以企業系統升級為例，睿澤企業運作原

本倚賴數個小系統，在整合成一個大系統時，難免有員工不適應，造成訂單、業績雙雙衰退，「直到轉型成功後，營運才重回正軌。」

「在創業頭 10 年，睿澤企業處於新奇品階段，接著進入技術提升、創新階段。現在，則是發展自有品牌階段。」黃祺娟直言，當下橫在睿澤企業前的新挑戰，在於如何兼顧代工廠、品牌商雙重身分，而經營代工廠 20 餘年，已與終端市場有段距離，「必須重新學習市場語言、行銷手法，才能靠自有品牌開創新天地。」

與大學合作開發新技術

香氛產品勝負關鍵在配方，早年因台灣相關資源匱乏，睿澤企業只得向國外的實驗室求援，共同研發香氛產品新配方、新容器，且優化製程。之後，睿澤企業轉向與國內大學產學合作，應用台灣科技大學開發的光觸媒技術，提升香氛產品的抗菌、除臭功能，共計完成 8 件合作案。

台北科技大學相關系所亦整合資源，提供睿澤企業多面向的協助，並成功開發出「透氣薄膜芳香技術」、「奈米微膠囊和聞香技術」。「透氣薄膜芳香技術」可讓香氛產品在

室溫下，直接擴散香氣；「奈米微膠囊和聞香技術」則以薄膜取代玻璃，將液體包裝於薄膜內，即可散發出香味，現已成功突破材料、自動化生產等關卡，相關香氛產品已可穩定量產，並通過歐盟的 CE 認證，未來商機可期。

　　值得一提的是，在新北市政府的贊助下，睿澤企業打造觀光工廠「睿澤氣味香氛館」，讓潛在消費者可以體驗香氛產品。之後，黃祺娟還延攬專業設計團隊進行改造，更名為「亞洛美精靈國度」，兼具銷售、教育、公益等功能，已於 2017 年正式開幕。

睿澤企業小檔案：

創立：1996 年

創辦人暨總經理：黃祺娟

產業別：香氛產品

地點：新北市鶯歌區

員工數：約 160 人

策盟策略：先向國外的實驗室求援，共同研發香氛產品新配方、新容器，且優化製程；後合作對象轉向國內大學產學合作，應用台灣科技大學的光觸媒技術，提升香氛產品的抗菌、除臭功能，共計完成 8 件合作案。再與台北科技大學相關系所合作，成功開發出「透氣薄膜芳香技術」、「奈米微膠囊和聞香技術」。

08 | 策略驅動 >>
異數宣言

「愈在地,愈國際」為文創產品創值,
積極做產學、共好合作

以人文管家貼心的「款待服務」,和原創團隊在宿旅、遊園、食藝、美學的不斷創發,建立新型態的人文渡假體驗、自在歇心的定點行旅。

1998 年,當時的韓國總統金大中驚覺,韓國必須銷售高達約 150 萬輛汽車,才能與當年最賣座的好萊塢電影《侏儸紀公園:失落的世界》(Jurassic Park:The Lost World)全球產值相若,遂傾國家資源發展韓國的文創產業,才有今日橫掃東亞諸國的「韓流」。

近年來,台灣政府雖也大力倡導、輔導文創產業,但大多數文創企業仍是微型企業,尚在奮力求生存的階段,「台流」威力亦遠不及「韓流」,如異數宣言(The One)般營運平穩、擁有國際影響力者,實屬文創業的「異數」。

從傳統文化中汲取能量

　　2003 年成立於台北市的異數宣言，是以東方人文為底蘊的生活風格品牌，執行長劉邦初說明，源於一個原始感動、一個簡單信念、一件細微事物，異數宣言提供高質感的文化生活體驗，藉由佳餚美饌、藝文拾樂、設計品味、人文休閒等，期望帶領四方來客實現美好生活。

　　異數宣言創立初期，資本額僅 150 萬元，先以原創設計開發生活用品，再於百貨公司設立專櫃，產品深受消費者歡迎，成功募集到 3000 多名會員；2 年後，在中山北路成立首家品牌概念店，以「品餚酌趣」的概念，常態性舉辦品牌分享、體驗活動，逐步推展創業理想。而後獲兩廳院之邀，前往開設品牌概念店，各勞務案也陸續展開，包括銀行、生技、電子、飯店、餐廳等各產業，知名度同步揚升，業務範圍愈來愈寬廣。

　　異數宣言的企業願景，是從傳統文化中汲取概念及能量，開發創意品牌與獨一無二的商品，將其導入日常生活的品味需求中，並協助傳統產業「文創化」，以拉抬產品的附加價值，開展「創意經濟」。

　　「同樣是一個馬克杯，一般商店裡賣 99 元乏人問津，

但異數宣言的馬克杯售價 980 元，顧客仍絡繹不絕。」劉邦初直言，台灣須得歷經 20 年的「產業文創化」，傳統產業才可能成功轉型，發揮潛在的內蘊活力，「在歐洲、日本，消費者到任何一家商店購物，踩到地雷的機率甚低。原因無他，這些國家的文化積累甚深，更懂得利用創意，讓消費者看見商品背後的深度價值。」

以創意為生活產業創值

劉邦初創業前曾任職於台達電子，先後於人力資源等不同單位歷練，也曾參與台達電子文教基金會「環保節能愛地球」專案的策劃事宜。他深刻體認到，台灣軟實力根基相當深厚，並相信終端消費市場必將萌發服務業品牌，遂決定創立異數宣言。

「當我創業時，文創產業、知識經濟等辭彙尚未流行。當時全球電子消費品的品牌皆由外國人主導，但我觀察到，文化創意的可能性、『產業文創化』的機會可由我們自己作主。」劉邦初分析，文創企業特點在於無須高資本，亦無產品制式規格，且獲利模式是以創意為產品 value up（提升價值），增益食衣住行育樂等生活面向的品質，「這可以是我

畢生的志業。」

2008 年，異數宣言秉持「愈在地，愈國際」的思維，集結在地風土創價，將位於新竹縣新埔鎮、前身原為《聯合報》系創辦人王惕吾的退休寓所「南園」，打造成獨一無二的絕美祕境「The One 南園人文客棧」。透過休閒產業的「產業文創化」，異數宣言以人文管家貼心的「款待服務」，和原創團隊在宿旅、遊園、食藝、美學的不斷創發，建立新型態的人文渡假體驗、自在歇心的定點行旅，即使住宿一晚要價不斐，但回客率卻高達 40%，既實踐文化創意的體驗經濟，也深化了美好生活的創業初衷。

不僅台灣，異數宣言已於數年前踏足大陸，負責規畫上海世博會主題館、北京皮影戲酒店，屢獲各獎項肯定；而蘊含新東方風格的美學產品，更銷往日本、法國、香港等地，持續在全世界發酵。

感質學院訓練深化品牌思維

劉邦初提到，異數宣言的員工，從最初創業的 3 人，至今已成長至超過 100 人，並施行內部創業制度，分公司由專業經理人帶領經營。劉邦初充滿信心地說，在可見的未來，

異數宣言於業績持續成長的支持下，將落實同仁品牌感質訓
練，以及內部創業經理人分享制度。

　　而異數宣言將 2019 年定為第二代 The One「品牌元
年」，積極展開共好經營理念，選擇具發展潛力的企業，先
酌收基本的勞務報酬，待合作對象成功轉型、建立品牌後，
再以品牌授權費，持續提供合作企業品牌行銷、設計規劃等
勞務服務，達成「產業文創化」之轉型目標，與客戶亦為志
業經營的良伴。

　　「企業人才流動是必然的，對人才招募，異數宣言應有
更新的思考、作法。」劉邦初說道，異數宣言學習的目標為
企業管理巨擘麥肯錫（McKinsey & Company），既能吸納
多元的優秀人才，又可讓他們盡情發揮所長，「異數宣言持
續進行多項專業訓練，以提升員工價值，並留任最適合的人
才。」

　　由於深信人才是志業的根本，異數宣言特成立「The
One 感質學院」，將內部訓練以學院方式打造，運用多年來
積累的理論及實務經驗，從品牌、服務、管理、專業等四大
面向，以實作專案的方式強化員工的人文、美學素養，開設
不同的通識課程，如大地瑜伽、人文花道、天地茶席等，引
領員工認識創意生活風格產業的運作模式，並於專案中發掘

自己的所長。

　　「The One 感質學院」成效頗佳，異數宣言更將此人才培訓模式輸出，開創新的商機。例如，中國西安華清池從400多名員工中選出種子學員，至異數宣言受訓後，再返回西安落實所學，協助華清池進行轉型升級。而異數宣言亦與東吳大學、中華大學、開平餐旅等學校產學合作，派遣公司主管赴校講學，共同開辦年度專題研發，打造全新產學合作方式。

　　「讓更多人因為 The One，認識美好生活的價值。」劉邦初秉持著自始至終的「唯一」想望，立志透過異數宣言的品牌思維，探入日常最深層的內裡，以一份人文素養的堅持，將新世代創意生活風格推及國際，希望引領眾人，享受生命中值得感動的時刻。

異數宣言（The One）小檔案：

創立：2003 年

創辦人暨執行長：劉邦初

產業別：文化創意

地點：台北市中山區

員工數：110 人

策盟策略：提供「產業文創化」服務，以永續共好的精神，為客戶支援勞務服務，深化、再創客戶企業的品牌價值；鼓勵員工實踐內部創業，分公司由專業經理人帶領經營；與在地小農合作共好，精選供應商，以品牌方式推出「The One 選一」，藉「愈在地，愈國際」的眼光，為供應商創造附加價值。

09 | 策略驅動 >>
寶悍運動平台

獲寶成國際集團奧援，
稱霸兩岸運動市場

在中國運動市場，由於舉辦國際賽事經驗豐富，幾無競爭對手可匹敵，寶悍運動平台業績亦呈跳躍式成長，並設定 30% 的年均成長率。

　　AI 浪潮即將洶湧而至，許多產業都將遭受劇烈衝擊；唯一可確定的是，AI 技術再進步，仍無法取代運動員，運動產業產值仍將繼續成長。從為竹科企業舉辦內部活動起家，原為台灣最大運動行銷、經紀公司的悍創運動行銷，在被鞋業巨擘寶成國際集團收購後，更名為寶悍運動平台，競爭力如虎添翼，現積極朝躋身上市櫃企業之目標前進。

　　悍創運動行銷創立於 2001 年，為台灣與國際運動產業接軌的重要推手，引進過 MLB（Major League Baseball，美國職業棒球大聯盟）明星賽、NBA（National Basketball Association，美國職業籃球聯盟）國際系列賽，並承辦世界棒球經典賽（World Baseball Classic, WBC）等國際賽事。

強化企業體質再赴中

「2014 年，中國全面開放運動市場，多項運動邁向職業化，蘊藏商機相當龐大。」寶悍運動平台總經理張運智指出，悍創運動行銷成立後，初期擴張速度頗快，竹科 400 多家企業，約 90% 皆為客戶，承辦大型活動場次估計累積超過千場，但台灣運動市場胃納量畢竟有限，遂思考公開募股，強化公司體質、能量，再赴中國發展。

張運智不諱言，當時悍創運動行銷雖已執台灣運動行銷、經紀領域之牛耳，但與中國運動行銷公司相較，規模、資源仍有所不及，倘若就此貿然西進，不僅勢單力薄，頂多只能經略上海市一城，無法將事業版圖擴及全中國。

幸而，在 4 大會計師事務所之一的安侯建業（KPMG）協助下，於 2015 年 5 月時，寶成國際集團收購悍創運動行銷，更名為寶悍運動平台。寶成國際集團以「營業讓與」的模式，併購悍創運動行銷；但悍創運動行銷並未消失，持有寶悍運動平台約 20% 的股份。

「悍創運動行銷續存的主因之一，在保住先前與若干竹科科技企業所簽合約。悍創運動行銷若消失，寶悍運動平台還得重新參與競標，昔日努力將付諸流水。」張運智強調，

企業更名後，公開募股的計畫不變，但寶成國際集團支援財務、法務、稽核等人員，速度可望加快，可望於 2020 年完成募股。

企業活動為主要財源

　　悍創運動行銷、寶成國際集團一拍即合，張運智認為，關鍵除了對運動產業的認知契合，更在於彼此角色互補，「併購悍創運動行銷，讓寶成國際集團在運動產業的布局，更為完整；成為寶成國際集團一員後，則讓寶悍運動平台無後顧之憂，可全力向前衝刺。」

　　張運智透露，當時有意與悍創運動行銷合作的大企業尚有數家，寶成國際集團勝出，因其不僅是全球第一大運動鞋製造廠，更是中國最大的運動用品通路商，在中國的店鋪超過 1 萬家，兩造加乘綜效相當宏大。站在「巨人」寶成國際集團的肩頭上，寶悍運動平台終於揮師中國，開啟另一輪快速茁壯的新紀元。

　　目前，寶悍運動平台串聯各知名運動品牌之通路，與餐飲、復健、訓練、運動賽事線上觀看等相關服務，主力業務包括企業活動、品牌活動、賽事 IP（intellectual property，

賽事產權與相關衍生產品）、運動平台、運動選手經紀、運動場館經營暨管理等；其中，企業活動占比最高，約 60%。

迄今，寶悍運動平台仍是台灣唯一取得 MLB 執照的經紀公司，除依規定向球員收取薪資佣金，若媒介企業贊助球員，如拍攝廣告、代言商品等，還可收取約 20% 至 25% 的佣金。當下，寶悍運動平台簽約球員名將如雲，包括旅美棒球選手林子偉及旅日棒球選手王柏融、宋家豪，與台灣職棒明星蔣智賢、林智勝等，還有若干籃球選手。

與周杰倫組籃球聯盟

「寶悍運動平台致力推動的運動，主要為籃球、棒球與跑步 3 項。」張運智直言，運動項目雖多不勝數，寶悍運動平台唯有選擇把握度最高、經驗最豐富的運動項目，故而捨棄商機豐厚、卻無插足之處的足球，「不只台灣人瘋迷跑步，中國亦掀起跑步風潮。在中國，銷售量最高的運動產品，正是跑步鞋。」

除了在台灣運動市場獨占鰲頭，在中國運動市場，由於舉辦國際賽事經驗豐富，幾無競爭對手可匹敵，寶悍運動平台業績亦呈跳躍式成長，並設定 30% 的年均成長率。如今，

在寶悍運動平台的營收中，台灣市場現約占 60%，中國市場約占 40%；但中國市場占比逐年增加，不久後即將超越台灣市場。

寶悍運動平台近幾年在中國的耕耘，即將開花結果。張運智舉例，寶悍運動平台已與藝人周杰倫合組 JYB 籃球聯盟，打造「鬥到底 3x3 城市爭霸賽」，期望掀起兩岸 3 對 3 籃球賽事熱潮，將在中國、台灣 30 個城市，舉辦 50 場賽事，估計有上千萬名球迷參與、觀看，贊助、周邊產品贊助金額不容小覷。

2018 年鬥到底獨特賽事，受到知名電子商務網站天貓青與天貓出品的「這就是灌籃節目」結盟，打通線上話題與線下賽事內容和電商鏈路，共同撬動億級籃球潮流市場。趁節目熱度開發新的商業賽道，嘗試在賽事運營和體育營銷領域開拓出新的模式和玩法，為 3 對 3 籃球賽事推波助瀾。

寶悍運動平台評估，單是銷售賽事相關商品之營收，即可達新台幣 1 億元；若加計贊助、置入性行銷等收益，金額將更為可觀。張運智樂觀地說，在 2020 年東京奧運，將納入 3 對 3 籃球賽事，寶悍發展前景備受期待。

與友達光電合作平台

在 2017 年，寶悍運動平台更首創企業合作平台系統，第一個合作的企業為友達光電。企業合作平台建置專屬 APP，更將結合「起跑點計畫」，不僅可讓合作企業的員工隨時隨地掌握運動賽事過程、結果，更可藉步行等運動累積點數；待累積一定點數後，員工可以此兌換餐點、健康相關活動優惠券。

「台灣中大型企業多設有福利委員會，加上國人健康意識高漲，企業合作平台系統應可帶起企業的運動風潮。」張運智充滿信心地說，企業合作平台系統相當值得推廣，將是寶悍運動平台未來重要的獲利來源之一，若有其他企業欲搶食此市場，同時得兼備整合平台、自行舉辦運動賽事等能力，「實為不易！」

寶悍運動平台小檔案：

創立：2015 年

創辦人暨總經理：張運智

產業別：運動

地點：新竹縣竹北市

海外據點：中國、美國、日本

員工數：約 130 人（台灣）

策盟策略：寶成國際集團以「營業讓與」的模式，併購悍創運動行銷；但悍創運動行銷並未消失，持有寶悍運動平台約 20% 的股份。日前，更首創企業合作平台系統，第一個合作的企業為友達光電，即將帶起企業的運動風潮。

10 | 策略驅動 >>
兆紅國際

結合台灣老字號小吃，
灶紅了知高飯開創新格局

兆紅國際現已計畫進軍越南、馬來西亞市場，首發產品正是
知高飯，未來亦研擬代理其他國際餐飲品牌，結合現有的產
品，轉型為複合式餐飲集團。

　　前些年，國內湧現餐飲集團上市櫃風潮，象徵產業已脫
離草莽時代，與其他產業並駕齊驅；但這些上市櫃的餐飲企
業，或專攻茶飲，或靠烘焙起家，或以泰國料理著稱，卻無
以台灣小吃聞名的餐飲集團。

　　以台灣小吃為主力產品的餐飲集團，距離資本市場最近
者，當屬愈來愈受到注目的兆紅國際。創立於 2014 年的兆
紅國際，旗下現有 2 大知名品牌，分別為滷底撈（Ruday）、
灶紅了（D-KA BUN）；滷底撈以滷味站穩市場，灶紅了是
與新北市三重區老字號的玉知高華知高飯合作，共同打造的
新時尚品牌。

賦予台灣小吃新生命

「若比裝潢、氣氛，傳統台灣小吃根本比不過西式餐廳；但若比食物的色、香、味，台灣小吃毫不遜色。」兆紅國際創辦人暨總經理林致兵分析，傳統台灣小吃多為路邊攤，常予人髒、亂、衛生堪虞的印象，雖然可口卻也可能讓消費者退避三舍，尤其是外國觀光客，「兆紅國際的使命，在賦予台灣小吃新包裝、新生命。」

林致兵指出，滷味雖常被喻為「台式麥當勞」，但因多任由消費者自由點餐，屢遭批評食材不足，於是他在創辦滷底撈後，直接將食材配比成數種套餐，再供消費者點選，打造更活潑、更明亮的用餐環境，以吸引更寬廣的客群。

採取嶄新的經營策略，滷底撈快速打響知名度，擄獲廣大消費者的味蕾。主力客層介於 18 歲至 40 歲間，女性消費者約占 65%；林致兵解釋，滷底撈採用最佳的食材、裝潢，空間乾淨、專業、時尚，故可讓消費者安心，更深獲女性消費者信賴。

台灣滷味市場競爭相當激烈，滷底撈產品亦不斷推陳出新，除了麻辣口味、三杯口味的滷味還推出大阪燒口味、韓式泡菜口味的炒泡麵，到了夏季，消費者還可點選豚骨蔬果

湯。在台灣各縣市滷底撈共有 30 餘家分店，分店多為加盟店、合資店；林致兵規劃，在可見的未來，全力衝刺至60家。

勇闖餐飲業超級戰區

在台灣，新北市樹林區、土城區、三峽區、新莊區等地，現今尚無電影院與大型商場；林致兵最看好這些區域的發展潛力，將其列為滷底撈展店的優先選擇。

因兆紅國際加入台灣連鎖暨加盟協會，林致兵結識一位會員企業經營者，正是玉知高華知高飯業主莊玉華，兆紅國際、玉知高華知高飯一拍即合，以「推動台灣小吃國際化」為共同理念，攜手創辦高檔知高飯新品牌灶紅了。

灶紅了的第一家店，林致兵決定直搗黃龍，開在台灣餐飲業的超級戰區──台北市永康街。一如他所料，灶紅了在永康街一炮而紅，知高飯現已與小籠包、芒果冰，並列永康街 3 大必吃美食；之後，灶紅了更進駐 SOGO 百貨台北忠孝館、微風南山百貨公司等美食激戰區，業績亦名列前茅。

林致兵擅於行銷，因永康街小籠包名揚國際，遂將灶紅了特別打造相當吸睛的永康街店，更延請鶯歌陶瓷老師傅設計碗盤，讓消費者享用知高飯，質感等同於食用高檔牛排。

擁有新名稱、新風格後，灶紅了業績迄今長紅，現已成台灣老店再造的典範。

創造話題打響知名度

「一般店家，一客知高飯售價約 80 元，但灶紅了的知高飯單價卻是 150 元。」林致兵語帶詼諧地說，大多數消費者到普通麵店點麵食，單價若超過 100 元，等待時間若超過半小時，就可能肝火上升；但到日系的一蘭拉麵光顧，單價雖超過 250 元，排隊、等候時間常超過 1 小時，卻甘之如飴，「這就是品牌的威力！ CP 值（price–performance ratio，性價比）不等於品牌，品牌通常是同業者中價格最高者。」

灶紅了較滷底撈更為老少咸宜，消費客群年齡層介於 16 歲至 75 歲間。灶紅了不僅在外牆上保留傳統的黑白菜單，以吸引中高齡客群；在不久將來，更計劃將營業時間延長至凌晨，搶攻宵夜族市場。

林致兵透露，灶紅了永康店以奢華風取勝，投資成本雖達約 1,000 萬元，但因產品售價較高，利潤增加近 80%，成本回收甚為迅速；目前，消費者多為外國觀光客，在觀光客中，中國觀光客約占 65%，日本、韓國觀光客合計約占

30%，其他國家的觀光客僅占 5%。獲利率方面，以手搖飲料類較高，次之為滷味及餐飲類。

自創辦以來，兆紅國際不斷創造話題，吸引諸多媒體採訪，不斷累積知名度；而灶紅了勇闖美食餐廳林立的永康街，亦有利於品牌行銷，消費者在網路上撰寫的文章，也成為重要的宣傳管道。

將進軍中國、東南亞

灶紅了的原物料、烹飪技術，皆仰賴玉知高華知高飯供應與支援，兩店原物料並無二致；而灶紅了的創業基金，全由玉知高華知高飯支付，但股份與兆紅國際分潤，並由兆紅國際負責經營。林致兵微笑地說，兆紅國際、玉知高華知高飯結盟後，不知有多人勸說、譏諷過莊玉華，認為此路不通，或將引狼入室；但在灶紅了平地起高樓後，雜音就此消聲匿跡。

「我不怕她賺，她也不怕我賺，如此才能達成雙贏。」林致兵透露，灶紅了的商業模式成功後，已吸引其他知名餐飲老店前來洽商，近期內即可能有新的合作案。

兆紅國際目前已完成廠辦合一，並增加廚藝教室、招聘

專業廚藝總監，以加快開發新口味的速度。在台灣，兆紅國際預計 1 個月新開 1 家直營店；而在 2019 年首季，繼續直搗黃龍原則，將在中國北京市、上海市、深圳市等一級城市，開設旗艦店，積極拓展中國市場，踏出「推動台灣小吃國際化」的第一步。

　　「中國的真功夫餐飲集團，分店超過 4000 家，兆紅國際唯有邁向國際化，才可能與之等量齊觀。」林致兵豪氣干雲地說，除了中國市場，兆紅國際現已計畫進軍越南、馬來西亞市場，首發產品正是知高飯，未來亦研擬代理其他國際餐飲品牌，結合兆紅國際現有的產品，轉型為複合式餐飲集團。

兆紅國際小檔案：

創立：2014 年

創辦人暨董事長：林致兵

產業別：餐飲

地點：新北市三重區

員工數：逾 70 人

策盟策略：與新北市三重區老字號的玉知高華知高飯合作，共同打造的新時尚品牌灶紅了，並在台灣餐飲業的超級戰區——台北市永康街，開設首家店。灶紅了的原物料、烹飪技術，皆仰賴供應與支援；而灶紅了的創業基金，全由玉知高華知高飯支付，但股份與兆紅國際分潤，並由兆紅國際負責經營。展店最大的困難在「員工的招募」，另外，口味的選擇（市場敏銳度）、創新也是較大的問題。

11 │ 策略驅動 >>
浩亞企業

結盟日本潮牌服飾，
儲備能量自創品牌

待浩亞企業躋身台灣前 5 大時尚企業後，再思考跨足海外市場，「畢竟，所有的國際品牌，都得先通過國內市場的考驗，罕有例外。」

在台灣時尚產業，SOGO 百貨公司不僅是兵家必爭的一級戰場，更是指標中的指標。SOGO 百貨公司登陸台灣，迄今已 30 餘年，自始業至今，僅有 4 家合作廠商從未被汰換；以代理日本服飾品牌起家的浩亞企業，即是其中之一。

「近 5 年來，台灣零售業變化甚鉅，時尚企業所面臨的挑戰亦艱鉅。」24 歲即接班的浩亞企業總經理顏駿羽直言，受人口快速老化、少子化、商場增加、零售業營業成本提升等夾擊，再加上品牌架構、通貨緊縮、政治等因素，台灣民眾消費意願疲弱不振，消費市場也發生極大變革，「社會金字塔頂端消費力不變，但中下階層民眾消費力持續下修，且差距逐年增大。」

先代理後入主 cantwo

　　浩亞企業創立於 1982 年，同年即引進日本少女服飾品牌 cantwo；以流行、多變、平價理念，融合最新趨勢的各式元素，為台灣時尚產業帶來甜美可愛、基本百搭、經典休閒、個性時尚等 4 大風格。

　　經浩亞企業多年耕耘，cantwo 已是台灣家喻戶曉的知名品牌與少女時尚的領導者，全國共有數十家通路。1998 年時，浩亞企業已入主 cantwo，將 cantwo 轉為台灣品牌，並將生產基地移往中國；但因台灣主力消費人口，遠不及日本，cantwo 不再固守少女時尚市場，現已將目標客群擴及 50 歲以下的青、少淑女。

　　2009 年起，浩亞企業陸續代理日本 YFL 公司旗下品牌，包括 oneway、oneway Glamorous、oneway Luxe、ByeBye、'eCLAIR、TORTE、abc une face 等，讓台灣的時尚脈動與東京同步。2013 年起，浩亞企業取得日本輕熟女品牌 loaf 的台灣代理權，進軍粉領族群市場。

　　自 2018 年起，浩亞企業與日本最大的時尚包包品牌，有日本小香奈兒之稱的 Samantha Thavasa 合作，將 Samantha Thavasa 集團的包包、皮夾、配件、禮品、食品、

服裝、項鍊、耳環、戒指與其他相關配飾帶進台灣。

代理國際品牌實非易事

　　小心駛得萬年船，浩亞企業品牌代理、OEM 代工雙軌並行。無論代理品牌多寡，浩亞企業 OEM 商品的年營業額，長年維持在企業總營業額的 70% 上下，其毛利率約 30% 至 40%，為企業主要獲利來源。

　　「浩亞企業設櫃的第一家百貨公司，正是當時剛剛成立的 SOGO。」顏駿羽分析，大多數台灣人的時尚消費模式，與日本人頗為類似，喜新厭舊、不斷變化流行樣式，「而且，台灣人熱衷吸收時尚資訊，愛跟隨、愛比較。浩亞企業所代理的日本品牌，皆符合台灣人的時尚品味。」

　　年輕時，顏駿羽被創辦浩亞企業的父親送至日本，從時尚產業的基層做起。因此，對時尚產業的大小環節，他無不瞭若指掌，現更成為穩健的掌舵者，帶領浩亞企業航向新的紀元。

　　在時尚產業，台灣品牌仍無法與歐、美、日本等先進國家品牌相抗衡。顏駿羽不諱言，在台灣，代理先進國家品牌的風險甚高；如果無法在市場引領風潮，必將以虧本告終，

但若創造銷售佳績，代理權亦可能不保，或原廠收回代理權，在台灣自行設點，或遭其他企業以高價奪走代理權。

人際通路時代已終結

由此可知，浩亞企業可與多家日本品牌商長期合作，實屬不易。早年，浩亞企業以少女為主力客群，但近年來，在顏駿羽的操盤下，奮力開發上班族客戶；他更樂觀地說，浩亞企業客群年齡層應更寬廣，「畢竟，有些青少年想穿成熟點，有些中壯年卻想穿年輕點。」

Samantha Thavasa 在日本的營業額，年逾 2,000 億日幣，擅長透過偶像、明星行銷，且產品品項相當多元。藉由與 Samantha Thavasa 結盟，浩亞企業不僅進軍男性時尚市場，更將產品品項從服飾擴及珠寶、手錶，積極拓展新客源，全力打造台灣首屈一指的精品企業，並提高獲利率。

「Samantha Thavasa 的行銷模式，台灣企業尚難以仿效。爭取代理權，除看好它的產品在台灣的銷售潛力，更希望藉此學習更卓越的營運模式，並獲得最新的設計、布料等資訊。」顏駿羽透露，在取得代理權之前，浩亞企業與 Samantha Thavasa 關係為零，從未曾往來；經 Samantha

Thavasa 股東引薦，他直接飛往日本，與 Samantha Thavasa 董事長面談，如願拿下台灣代理權。

原本，時尚產業的競爭對手不相信浩亞企業可獲得 Samantha Thavasa 青睞。顏駿羽感嘆地說，昔日中小企業只要進駐實體通路，就一定可以賺錢，但重視人際關係時代早已終結。浩亞企業與 Samantha Thavasa 攜手，全憑自身實力。之後也會陸續引進 Samantha Thavasa 旗下其他品牌線，包含男包系列 KINGZ by Samantha Thavasa、韓國限定系列 Samantha Thavasa_KR License、精選配件系列 Samantha Thavasa Petit Choice，以及輕珠寶 SAMANTHA SILVA by Samantha Tiara。

時尚消費趨勢兩極發展

代理國外知名品牌，不如一般人想像得簡單，且獲利十拿九穩；曾雄心壯志搶灘台灣市場，最後鎩羽而歸的國際品牌，不知凡幾。顏駿羽推估，其他台灣企業為拿下代理權，常誇大台灣市場的胃納量，並承諾國外品牌商過高的目標額，最後根本無力達成，黯然收攤；Samantha Thavasa 的產品，浩亞企業將審度需求引進，並擇定最佳店鋪、公關公司，

以期重磅出擊、一舉成功。

　　然而，在廉價航空崛起後，台灣赴日本旅遊人數暴增；還有不少人以「跑單幫」為業，直接從日本帶商品回台販售。於是，Samantha Thavasa 在台灣的定價，約為在日本的 1.1 倍至 1.2 倍，否則消費者寧可赴日採買，或請親友代購，浩亞企業更祭出加送贈品、買千送百的活動，以提升買氣；短期內，日本必將維持弱勢日幣政策，匯損風險雖不高，但浩亞企業已做好避險措施。

　　「台灣的時尚消費趨勢日益兩極化，購買品牌商品的消費者愈來愈多。」顏駿羽觀察，以包包為例，價格數萬元的歐洲經典品牌，迄今熱銷不墜，而近萬元的平價品牌如 Samantha Thavasa 則是後起之秀，「浩亞企業提供消費者 LV 等級的服務，但產品價格遠為低廉。」

　　只是，日本、台灣時尚品味雖接近，但仍有些微差距，部分產品無法原封不動進口。浩亞企業內建數名設計人員，微調 Samantha Thavasa 產品風格，以符合台灣消費者的習性，且調整頻率愈來愈密集，現幾乎每個月都得進行。

複合式消費商場成主流

不過，顏駿羽直言，因通路日益多元，且零售業、批發業漸有分道揚鑣之勢，台灣時尚產業的競爭日益激烈。早年，時尚產業主要通路僅有百貨公司；今日，除了百貨公司，大型購物中心（shopping mall）、暢貨中心（outlet）異軍突起，已是時尚產業不可或缺的實體通路，而電子商務網站的重要性亦與日俱增。

「如outlet般的複合式消費商場，適合消費者闔家造訪，可各取所需、一次購足，絕對是未來實體通路的主流。」顏駿羽指出，對櫃位的抽成，outlet低於百貨公司甚多，但浩亞企業堅持，在outlet、百貨公司產品價格不二價，「以避免百貨公司櫃位的客源流失。」

不同通路的銷售時尚商品，模式不盡相同；即使是同一類通路，在不同地區，作法亦有差異。浩亞企業步步為營，針對不同地區的不同通路，制定合宜的行銷策略，持續順應市場潮流、求新求變；近年來，百貨公司業績逐年下滑，但在其他通路獲利的挹注下，浩亞企業獲利仍攀登新巔峰。

未來3年，浩亞企業將不斷擴大產品品項，目標為「從頭到腳」的產品一應俱全，且客群向上、向下延展至所有年

齡層，計劃將櫃位從現有的 37 個，增加至 50 個。而在未來
5 年，浩亞企業除致力提高產品在各大通路的市占率，因應
各大通路消長，重新進行布局，更將儲備自創品牌的能量，
打造 cantwo 以外的新品牌。

先有中心思想再有品牌

　　「企業沒有中心思想，就無法打造成功的品牌，任何產
業皆然。」顏駿羽剴切地說，待浩亞企業躋身台灣前 5 大時
尚企業後，再思考跨足海外市場，「畢竟，所有的國際品牌，
都得先通過國內市場的考驗，罕有例外。」

浩亞企業小檔案：

創立：1982 年

總經理：顏駿羽

產業別：時尚

地點：台北市中山區

員工數：約 130 人

策盟策略：日本為亞洲時尚領導國，透過與日本頂尖時尚企業合作，如 Samantha Thavasa 等，當可借力使力，取得最新的設計、布料等資訊。台灣並無自主的時尚產業，消費者喜新厭舊、熱愛變化，不斷推陳出新的 Samantha Thavasa，正符合台灣人的銷售習性。

12 │ 學習驅動 >>
海德魯材料

師法挪威原廠 200 年技術，
進軍高利潤焊條市場

台灣鋁業發展雖已逾 50 年，但與歷史超過 200 年的挪威海德魯相較，產品配方、煉製溫度、後製加工等參數資料的數量與精確度，仍遠遠不及。

　　在金庸武俠小說《天龍八部》中，除了如佛陀降世般的藏經閣掃地僧，武功最強者，當屬本是少林派小和尚、後執掌逍遙派的虛竹。虛竹武功原稀鬆平常，但在吸納天山童姥、無崖子、李秋水 3 位前輩合計 200 多年的功力後，一躍成為領袖武林的頂尖高手。

　　台灣鋁熔鑄大廠海德魯材料公司成長、茁壯的軌跡，一如虛竹。海德魯材料董事長顏德新原從事貿易、汽車平行輸入，後因位於台南市的鋁業大廠展慶鋁業遭逢財務危機，他透過承租熱處理設備，逐步介入經營；最後，更承接所有人員、設備，將之更名為廷鑫金屬。

從眾多競爭者中雀屏中選

海德魯材料創立於 2008 年，原為全球第 3 大鋁業公司
——挪威海德魯（Norsk Hydro）與台灣企業的合資公司，
由台方控股公司持有 55% 股份，挪威海德魯持有 45% 股
份；2010 年，挪威海德魯收購海德魯材料的所有股權。到
了 2012 年，挪威海德魯決定將生產基地遷至杜拜，並將台
灣廠售予廷鑫金屬。

「當時，台灣雖提供租稅、低利率等優惠條件，與方正、
寬闊的廠房土地，邀約挪威海德魯投資二次熔煉廠，但未獲
首肯。」海德魯材料總經理顏兆鑫解釋，當時國際金融海嘯
仍餘波盪漾，加上台灣經濟規模較小，且鋁廠多以天然氣為
能源，產製的鋁合金成本較高，故挪威海德魯執意撤資。

挪威海德魯釋放出售台灣廠訊息後，並開放台灣企業競
標；在眾多競爭者中，廷鑫金屬雖非出價最高者，卻因營
運理念與挪威海德魯相近，最後雀屏中選，取得 100% 的股
權。顏兆鑫直言，台灣鋁業發展雖已逾 50 年，但與歷史超
過 200 年的挪威海德魯相較，產品配方、煉製溫度、後製加
工等參數資料的數量與精確度，仍遠遠不及。

「鋁合金企業技術升級，必得克服 2 大關卡，首關是合

金成分配方，再來是除氣除渣與產品熱處理等加工工序。」
顏兆鑫強調，鋁合金成分配方失之毫釐，性質即差之千里，
除氣除渣、熱處理等工序亦頗為精細，縱使埋首「土法煉
鋼」，亦難有所突破，「台灣鋁業雖努力向前邁進，現仍無
法與國際大廠比肩。中鋼雖稱霸台灣市場，但放眼國際，卻
頂多是兩線廠。」

　　2019 年 3 月海德魯材料為精益求精，提升鋁合金棒清
淨度，引進國際大廠管式過濾系統，讓除氣除渣製程進入微
米時代。

與成大材料系簽訂合作案

　　在接收海德魯人員、設備後，顏家父子不僅延續原有的
歐洲式管理模式，持續與挪威海德魯進行技術交流。亦承繼
挪威海德魯的技術能量，海德魯材料先以鋁棒為主力產品，
原計畫跨入鋁板生產，但因台鋁亦積極研發鋁板，故而作罷。

　　自 2016 年起，廷鑫金屬、海德魯材料跨入焊條研發與
生產。顏兆鑫回憶道，台灣雖是自行車王國，但自行車所需
的焊條，卻長年仰賴進口；為讓台灣自行車產業使用台灣自
製的焊條，國家中山科學研究院主動邀約海德魯鋁業合作，

因海德魯鋁業正致力研發線材，焊條亦屬線材，遂欣然應允。

　　結盟之後，中科院提供海德魯材料冶煉焊條的參數、配方，與後製、焊接相關技術；不久後又得到成功大學協助與輔導，海德魯材料轉與成功大學材料科學及工程學系簽訂合作專案，共同開發「高強度鋁合金焊條」。

　　歷經 2 年半的努力，海德魯材料自 2017 年 3 月起，開始量產 TS4043 焊條、TS5356 焊條，並成功研發應用於自行車的 TS642 焊條，現正積極研發應用於船舶的 TS242 焊條。除此，海德魯材料亦已生產較無安全疑慮的鋁梯、鋁製水槽，並計劃生產其他鋁製品，更努力儘早達到國際認證的品質標準。

焊條物美價廉深具競爭力

　　顏兆鑫透露，TS4043 焊條、TS5356 焊條市場反應頗佳，可望通過歐盟合格認證（CE）、日本工業規格（Japanese Industrial Standards, JIS）認證；海德魯材料正與一家專營鋁製產品的日本大商社洽談，共同深耕亞洲市場。

　　「至於 TS642 焊條的上市期程，將視有無適宜的合作

對象而定。」顏兆鑫加重語氣說，唯有獲國際自行車大廠採用，才能彰顯 TS642 焊條卓越的性能、價值，不會貿然上市，「未來，海德魯材料更希望打入助行器、登山拐杖、輕型電動車等產品的供應鏈，擴大焊條的應用層面。」

目前，海德魯材料的焊條 90% 內銷，約 10% 外銷至越南市場；主要競爭者皆先進國家大廠，包括美國企業 AlcoTec、義大利企業，與加拿大企業 Indaco 等。

「海德魯材料焊條的品質，現已與國際大廠產品在伯仲之間，但售價卻低廉約 20%，頗具市場競爭力。」顏兆鑫不諱言，因鋁棒利潤略遜，海德魯材料將逐步降低對鋁棒的依賴，拉抬焊條等高利潤產品的業績、獲利占比，「並致力控制庫存量，以規避風險。」

海德魯材料原物料主要購自杜拜、澳大利亞等國，為預防原物料價格短期內劇烈起伏，通常準備約 3 個月的原物料。

未來鎖定開發汽車鍛造件

除了入主海德魯，2013 年廷鑫集團還收購專營製藥設備、檢驗儀器的上櫃企業皇將科技。2017 年廷鑫興業投資位於中國福建省廈門市的皮件廠，現已投產皮革製品，並與

一家越南煉鋼廠合作，生產煉鋼用鋁脫氧劑，已獲數家知名大廠採購。

在可見的未來，顏兆鑫嚴肅地說，集團各事業體將進行整併，重新調整、分配各事業體的主力產品，以期發揮最大綜效，並強化開發高附加價值產品的力道、速度；除了焊條，日後將鎖定汽車鍛造件，節縮委外製造的比重，已考量與中國汽車廠合作，且正評估到越南北部、中部省分設廠，期進軍越南市場。

海德魯材料小檔案：

創立：2008 年

董事長：顏德新

總經理：顏兆鑫

產業別：鋁業

地點：雲林縣斗六市

員工數：近 100 人

策盟策略：接收海德魯人員、設備後，仍持續與挪威海德魯進行技術交流。中科院主動邀約海德魯材料合作，生產自行車所需焊條，海德魯材料又獲成功大學材料系簽訂合作專案，共同開發「高強度鋁合金焊條」，並與一家專營鋁製產品的日本大商社洽談，共同深耕亞洲市場。現亦與一家越南煉鋼廠合作，生產煉鋼用鋁脫氧劑，已獲數家知名大廠採購。

13 | 學習驅動 >> 均英精密工業

插旗光學產業，
專注研發車載及相機鏡頭模具

在均英精密工業的總營收中，自動化設備占比最高；但自
2017 年起，精密模具營收大幅成長，已取代自動化設備，
成為企業最大獲利來源。

均英精密工業創辦人暨董事長鄭良忠的創業過程，堪稱
傳奇。原是圓山飯店廚師的他，幾經思量決定轉換跑道；
1992 年，創立漢昇企業社，且於 1997 年更名為均英精密工
業，企業規模更持續壯大。

初期，均英精密工業主力業務為半導體封裝模具加工；
2001 年後，因併入均豪集團，跨足生產自動化設備，轉而
承接 ODM（Original Design Manufacturer，原廠委託設計代
工模式）訂單。客戶僅需提供自動化設備的規格，均英精密
工業負責設計、製造、組裝與測試等後續環節，待獲得客戶
認可後，再交予客戶進行量產。

曾被併入均豪集團

此後，均英精密工業陸續將 LED 產品、LCD 產品，與太陽能 Touch Panel（觸控面板）列入產品品項。近年來，不僅大力發展醫療生技隱形眼鏡設備，更成功研發超精密光學鏡片模具，並在光學重鎮台中市設廠，除便利取得相關原物料、零組件，更方便就近拓展業務、在地化服務客戶。

如今，均英精密工業主力產品、業務，包括光學模具及相關配件、光學檢測設備、半導體封裝測試設備與相關配件，與超精密光學製造模具加工、自動化設備代工等，自動化設備產品品項依次為雷射切割設備、雷射雕刻機、自動包裝機與自動貼標機等。

近年來，均英精密工業仍致力發展光學手機鏡頭模具及車載鏡頭模具技術，並在不與現有客戶爭利的原則下，積極開發應用於不同產業的不同產品，拓展更寬廣的財源，為日後掛牌上市做好準備。

「均英精密工業併入均豪集團時，轉讓了 75% 股權。」鄭良忠回憶道，加入均豪集團後，得以經營其新店、土城模具廠，就此從代工業者晉階為自動化設備與超精密光學模具加工商，企業視野、量能皆再上層樓，「在均豪集團內，均

英精密工業一直是獲利最佳的事業體之一。」

客戶遍及海內外

到了 2007 年，鄭良忠決定購回所有股權，獨立經營均英精密工業。不過，暴烈的全球金融海嘯隨即叩門，重創原本一帆風順的均英精密工業，遭客戶積欠 8 位數鉅額款項；幸而，全球金融海嘯來得快、去得急，均英精密工業不久後即轉危為安。

2012 年時，為了插旗光學產業，均英精密工業除了支付上億元的研發費用，艱苦熬過約 2 年的過渡期，獲利才重回軌道。在可見的未來，均英精密工業將挹注人力、財力，著力於研發汽車車載光學鏡頭模具及手機鏡頭模具，也將密切關注人工智慧產品、3D 智能產品與自動駕駛汽車的市場趨勢。

目前，均英精密工業的主要客戶，包括台資企業與中國、日本、韓國企業等；其中，因鄭良忠堅守「根留台灣」信念，以台灣占比居冠。自 2017 年起，均英精密工業擴大在中國及日本與韓國市場的布局，並與多家客戶洽談合作事宜。

「台灣上市光學廠與中國一、二線光學廠，幾乎都是均英精密工業的客戶。」鄭良忠透露，均英精密工業現正積極打入韓國企業大廠的供應鏈，「至於自動化設備，頭號客戶為美商半導體大廠，隱形眼鏡設備則供貨給台灣前二大設備商。」

開放技術人員入股

先前，在均英精密工業的總營收中，自動化設備占比最高；但自 2017 年起，精密模具營收大幅成長，已取代自動化設備，成為企業最大獲利來源。在眾多產品中，以手機鏡頭模具利潤最高，約可達40%至50%；日後，如果添增設備、擴大產能，未來應可創造更高毛利。

「光學產業本益比甚佳，全球鏡頭大多由亞洲 3 到 4 家模具製造商供應，台灣廠頗具全球競爭力。」鄭良忠指出，因手機鏡頭現多為塑膠製品，故均英精密工業深耕鏡頭塑膠模具，現是少數可製造超精密鏡頭模具的廠商之一，且光學產品仍供不應求，仍屬賣方市場（Seller's market），值得繼續耕耘。

不過，手機鏡頭技術日新月異，現已從單鏡頭進階至 4

鏡頭，畫素亦從 1000 萬畫素升級至 2300 萬畫素，甚至更高，未來畫素仍將不斷增加，塑膠模具技術亦得亦步亦趨精進；未來，玻璃製手機鏡頭是否將蔚為主流，有待密切觀察。

　　在 2012 年初探鏡頭模具市場時，因研發經費龐大，均英精密工業遭逢創業以來最嚴重的虧損。幸而，鄭良忠延攬一批原任職於各大光學鏡頭廠的研發人員，並開放他們入股，以強化向心力，終於突破技術難關。當下，均英精密工業的鏡頭模具，精密程度已達 0.5μm（Micrometer，微米，1 公尺的 100 萬之 1）等級，領先競爭對手，深受客戶肯定。

期與互補企業合作

　　但可確定的是，在 3 到 5 年後，自動駕駛汽車將更為普及，汽車車載鏡頭需求必將提升；因汽車車載鏡頭畫素尚不及手機鏡頭，技術門檻較低，未來可望成為兵家必爭之地。

　　「在均英精密工業產品中，隱形眼鏡設備重要性與日俱增。隱形眼鏡高度要求安全、舒適，隱形眼鏡設備技術門檻亦不低。」鄭良忠透露，在客戶端提出規格需求後，均英精密工業就得完成「從無到有」的後續環節，建置第一條產線，約費時 9 到 12 個月，「之後建置新產線，時間可縮短至約

4 到 5 個月。」

　　先前曾有數家電子、光學大廠，表達收購均英精密工業的意願，但鄭良忠為保有企業的自主性，全數予以婉拒。但他加重語氣地說，均英精密工業不排斥與其他企業合作，但合作對象不僅得實力堅強，更得與均英精密工業功能、角色互補，共創雙贏局面。

　　鄭良忠期許，在鏡頭模具領域，均英精密工業不僅可達到品質最佳，市占率亦希望可攀登首位。而在可見的未來，均英精密工業評估前往中國及其他國家開設手機鏡頭模具製造廠，更將以「廠中廠」的模式，提前於試模階段，即提供客戶們技術支援，但研發中心依然留在台灣，發展未來更重要的研發技術。

均英精密工業小檔案：

創立：1992 年

創辦人暨董事長：鄭良忠

產業別：電子、光學

地點：桃園市八德區

員工數：約 160 人

策盟策略：曾加入均豪集團，得以經營其新店、土城模具廠，就此從代工業者晉階為自動化設備與模具加工商，企業視野、量能皆再上層樓。初探鏡頭模具市場時，因研發經費龐大，遭逢創業以來最嚴重的虧損；在延攬一批原任職於各大光學鏡頭廠的研發人員，並開放他們入股，以強化向心力，終於突破技術難關。

14 | 學習驅動 >>
台中精機

催生 M-Team，
為台灣工具機產業拓展國際空間

M-Team 成員企業互訪，對台中精機推動精實製造助益甚大，
不僅縮短生產時間，更有效降低庫存。

打造台灣規模最大產業聯盟

　　由台中精機與永進機械在財團法人中衛發展中心推動
下，發起 M-Team 聯盟，台中精機黃明和董事長擔任第一屆
會長，猶如現實版、台灣版的《七龍珠》Z 戰士與復仇者聯
盟。今日，M-Team 已躍居台灣規模最大的產業聯盟，包括
台中精機、永進機械、百德機械與台灣麗馳等 4 家整機廠，
及 29 家協力廠商。協力廠商計有聯盟內部認證的卓越廠商
1 家、績優廠商 8 家，與精實廠商 20 家。

　　數十年來，中台灣的工具機產業從樹苗持續成長、茁壯，終成茂密、蓊鬱的森林，並形成台灣引以為傲的產業聚落之一；但近年來，韓國、中國工具機產業快速崛起，在兩國政府的強力奧援下，現已是酷斯拉般的超級巨獸，鯨吞國際市場，嚴重擠壓台灣工具機業者的生存空間。

　　強敵壓境，促使台中精機與永進機械在中衛發展中心的發起，催生 M-Team，因台灣眾工具機企業與協力廠商唯有結盟，群策群力、抱團前進，才能救亡圖存，並增進國際競爭力。只是，眾工具機企業原都是市場對手，彼此涇渭分明、壁壘森嚴，結盟殊為不易；幸而，在工具機產業領頭羊之一的台中精機呼群保義下，M-Team 終在 2006 年誕生。

　　台灣產業從不缺跨企業的組織，但大多數組織結構鬆散，且屬聯誼性質，聚會內容不外乎吃喝玩樂與旅遊，對產業升級、企業營運助益甚微。接近軍事同盟的 M-Team，運作模式參照歷史更悠久的自行車產業聯盟 A-Team，成員企業相互學習、砥礪，並聯合參展；10 餘年來，因成效斐然，會員數、影響力不斷上升，把台灣重要的關鍵零組件業者涵蓋進來了，將以此作基礎，協助 M-Team 各零組件成員廠商將優質零件供應國內廠商外，並幫助其推廣給全球各大工具機廠使用，即以台灣做為練兵、修習基本功的場所，再到全世界征戰。

內部宣揚理念不如外界刺激

　　籌組 M-Team，緣起於台中精機相信，企業若要維持成長動能，與其在內部不斷宣揚理念，還不如外界的刺激，「在門口養一隻老虎」，更能激起幹部、員工的危機感；而結盟的目的是建構台灣工具機產業獨有的新生產模式，藉以強化競爭力。

　　A-Team 堪稱台灣自行車產業升級的重要推手，並協助核心企業巨大機械、美利達，從代工廠晉升為品牌廠，在國際市場地位穩固。然而，台中精機有意籌組工具機產業聯盟，但如何向市場競爭對手遞出善意的橄欖枝，卻是一大難題；最後，由中衛發展中心扮演遊說名士魯仲連，M-Team 得以從理想化為現實。

　　台中精機第一個結盟對象，為台中市另一家工具機大廠——永進機械；台中精機、永進機械即為 M-Team 的創始會員。之後，百德機械、台灣麗馳、東台精機等 3 家整機廠，與整機廠的眾協力廠商，先後加入 M-Team 聯盟；成員企業無需繳納會費，並設置聯盟事務局局長與祕書職務，以維持 M-Team 常態性運作。

　　M-Team 成員大多位於中台灣各縣市，東台精機因地處

高雄市，與其他成員距離較遠，遂決定退出聯盟。不過，東台精機將 M-Team 的運作模式，應用於其所屬的東台集團，可視為 M-Team 精神的延伸。

開誠布公激勵成員見賢思齊

聯盟成立後，亦由台中精機帶頭，向 M-Team 成員公開產品製程；爾後，台中精機亦派遣幹部前往 M-Team 其他企業的廠房，參訪產品製程。M-Team 成員適度開誠布公，可激勵成員企業見賢思齊、擇善而從，有助於它們轉型、升級，技術與產品品質再上層樓。

台灣工具機企業成長軌跡大同小異；創業時，大多僅有 1、2 部機台，篳路藍縷、揮汗流血，打拚到今日，M-Team 成員企業無不如此，台中精機亦不例外。早年，技術、業績成長皆頗為迅速，台中精機、永進機械皆是其中的佼佼者；但近年來，因企業規模已較大，技術、業績成長已然牛步化。

在派員參訪 M-Team 成員企業的廠房，比較彼此的生產流程後發現，「原來也可這麼做」、「細節中蘊藏寶藏」，台中精機獲益匪淺，並吸收永進機械、百德機械、台灣麗馳等同業業者的優點與細緻處，著手精進製程，讓企業雖已在

百尺竿頭，依然可再進一步。

　　同一企業內的各部門為自我保護，有時難免師心自用、相互隱瞞，對市場對手開誠布公，更猶如「不可能的任務」。M-Team 結盟初期，對開放製程這件事，成員企業仍頗為遲疑、欲迎還拒，深怕內部機密遭盟友探知，競爭力將落於人後，開放程度不到 10%。

向盟友們學習優質企業文化

　　開放絕非一蹴可幾，M-Team 不久後訂定規範，指定成員企業針對特殊專題報告，並回答成員詰問，才讓聯盟成員逐步卸下心防。以台中精機為例，歷經約莫 6 年，員工從抗拒排斥到接受思維的改造，讓員工感受推動改善的好處及增加員工自信心後，生產線上的資深員工才願意與同業切磋、交流。

　　M-Team 成員企業互訪，對台中精機推動精實製造（lean production），助益甚大，不僅縮短生產時間，更有效降低庫存；值得一提的是，曾有項流程先前需耗時 3 天，參照盟友的模式後，耗時降至僅 1 天。

　　目前，台中精機、永進機械、百德機械、台灣麗馳等 4

家整機廠，同為 M-Team 的中心廠商。因中心廠商在市場上各有擅長，如台中精機專攻車床，永進機械以中心機著稱，M-Team 方可順暢運轉至今；否則縱使有心學習盟友的長處，亦將橘逾淮為枳，效果大打折扣。

　　除了汲取盟友在製造、組裝上的特點，台中精機亦向盟友們學習優質的企業文化，以強化員工的向心力；例如，台灣麗馳因董事長篤信基督教，向來重視聖誕節等基督教節日，公司氣氛頗為活潑、融洽，士氣亦頗為高昂。

提供協力廠商最佳宣傳舞台

　　M-Team 成員企業除定期參與聯盟會議，制定合作計畫，4 家中心廠商每年更得進行專題報告，並從 29 家協力廠商中，挑選數家進行亮點報告。對協力廠商而言，此正是最佳的宣傳舞台；曾有亮點報告的協力廠商，先前只與另一家中心廠商合作，完成亮點報告後，隨即收到台中精機的訂單。

　　在製造端，M-Team 成員企業相互觀摩，關係為「兄弟登山、各自努力」；而在行銷上，4 家中心廠商採「既競爭又合作」的模式，以壯大聲勢、吸引更多客戶注目，又可保持彈性。在大型會展，持續以聯展方式參加，共同行銷，積

極拓展客源。

　　M-Team 為一柔性團體，僅有知識、經驗交流，並無利益交換，加盟的成員企業可自由進出，不會承受任何壓力。近年來，陸續有 4 家中心廠商的協力廠商加盟，亦有若干已加盟的協力廠商，或不願公開內部資訊，或不願進行亮點報告，選擇退出聯盟。

　　M-Team 聯盟，就是要把推動精實活動得到的具體成效擴散出去，來全面性提升台灣工具機產業的國際競爭力，並藉由廠商家數與產值的增加，盼能達到產業的經濟規模，締造出更大的經營綜效，且讓國外競爭者「跟不來、學不像」，成為全球工具機產業欲向上發展的新典範。

亦是航太產業聯盟成員之一

　　除了 M-Team，台中精機因是航太公司的協力廠商，亦加入漢翔航空工業所主導的「台灣航太產業 A-Team 4.0 聯盟」。不過，因台中精機與航太產業相關的產品不多，參與程度尚不深。未來應加強內部研發實力，以挑戰航太專用機之標準，但公司「人才短缺」是一大難題。

台中精機小檔案：

創立：1954 年

董事長：黃明和

產業別：工具機

地點：台中市西屯區

員工數：約 850 人

策盟策略：仿效自行車「A-Team」的成功模式，催生工具機產業聯盟 M-Team，邀請工具機整機廠、協力廠商加盟。M-Team 成員企業無需繳納會費，並設置聯盟事務局局長、祕書，以維持聯盟常態性運作；成員間彼此開放製程，並定期舉辦聯盟會議，制定合作計畫，4 家中心廠商每半年進行成果發表會，並從 29 家協力廠商中，挑選數家進行亮點報告。

15 ｜ 鼎聖機械
學習驅動 >>

結盟學研機構，
企業聯盟競爭者變合作者

製鞋機械業製程若要擴大自動化，當導入 A、B、C 等 3 項技術。A 指 AI（Artificial Intelligence，人工智慧），B 指 big data（大數據），C 指 cloud（雲端）。

　　美國、中國貿易戰熱戰方殷，加上中國工資、原物料價格飆漲，導致企業生產成本激增，尋求「鮭魚返鄉」的台資企業有增無減。而在返鄉設廠的台資企業中，鼎聖機械堪稱先驅，並就此根留台灣。

　　台灣堪稱「製鞋王國」，製鞋企業更是國際品牌商最重要的協力廠商；目前，全球約 80% 的鞋類國際品牌產品，皆委由台資企業製造。台灣製鞋機械產業亦馳名國際，製鞋機械全球市占率約 70%，為中、低階製鞋機械領域的霸主，鼎聖機械正是龍頭廠商之一；而高階製鞋機械領域，向來由義大利企業獨領風騷。

布建南亞、東南亞服務網絡

創立於 1982 年的鼎聖機械，初期主力產品為輸送機設備，客戶多為製造業、物流業業者，之後主力產品轉為製鞋機械，約占總營業額的 90%。20 世紀 90 年代初，台灣製鞋企業大舉前進中國，為提供客戶更快速、更完整的技術服務，鼎聖機械將生產線西遷，1993 年於中國廣東省東莞市設廠，並以數年的時間，布建華中、華南省分的服務據點，南起東莞市，北至山東省。

鼎聖機械拓展業務，多透過海外參展，並提供客戶 1 年免費的維修、保固；東南亞國家因距台灣較近、補給較易，且華裔人口眾多，成為鼎聖機械產品主要的外銷市場。早年，東南亞國家製鞋企業的機械零組件，幾乎清一色來自台資企業；但晚近台資企業市占已逐漸被中國企業、歐美企業侵蝕。

2000 年時，鼎聖機械派遣技術人員，前往義大利製鞋機械名廠 ANZANI 受訓；同年，雙方簽訂技術合作協議，鼎聖機械亦成功推出 Turbo Line 系列產品。進入 21 世紀後，鼎聖機械積極布局東南亞、南亞國家；前幾年，在越南、印尼、緬甸與柬埔寨等東南亞國家的服務據點，終於建置完

成，而在印度、孟加拉等南亞國家的商業網絡，亦正式營運。

2017 年，鼎聖機械首創「智慧控溫」技術與物聯網（IoT ,internet of things）平台，持續扮演台灣製鞋機械產業的領頭羊。目前，鼎聖機械的核心技術，涵蓋製鞋的投入、定型、拉幫（固定鞋面跟中底布）、入楦（將鞋面套入鞋楦，鞋楦為形狀似腳的模型）、上膠等，並可依照客戶需求，提供客製化的整廠規畫服務，服務範疇從廠房土地規畫，一直到產品加工、庫存、銷售；客製化服務的業績，約總業績的 80% 至 90%。

與義大利企業技術合作多年

鞋子品項相當多元，但無論是棒球鞋、跑步鞋或高爾夫球鞋，製鞋的基本工序 60% 至 70% 相同，所需設備大同小異；製鞋廠再根據不同品項鞋子增加必要的工序，並增購相關設備。鼎聖機械產品品項相當多元，皆為自動化製鞋設備，如自動印刷機、電漿清洗機、模組化生產線、機械手臂的噴膠系統等。

「創業時，我才 20 多歲。」鼎聖機械創辦人暨董事長侯景忠指出，台灣有多處製鞋企業聚落，台中市豐原區亦是

其中之一，鼎聖機械曾多次搬遷，現址位於神岡區，離豐原區不遠，可就近服務客戶，「鼎聖機械以整廠服務為主，單機販售占比較低，故客戶大多為中小客戶。」

「義大利製鞋機械業蜚聲國際，鼎聖機械與 ANZANI 合作 10 餘年，目的在學習 ANZANI 的技術、概念、美學，權利金相當高昂。」侯景忠解釋，因全球製鞋產業已快速邁向智慧製造，進入「工業 4.0 時代」，從 ANZANI 引進的技術，已無法滿足鼎聖機械當下、未來之需求，合作關係已於數年前終止。

原本，鼎聖機械已將研發、設計、生產、銷售的重心，皆移往中國，台灣已無生產線，僅留財務單位，但在 2013 年時，侯景忠毅然於台灣重啟生產線，只是重啟台灣生產線，一切都得從零開始，遠比他想像得更艱困，幸而營運現已步入軌道，並與虎尾科技大學、修平科技大學建教合作，提供學生實習機會，培育企業新血。

籌組製鞋機械業專業委員會

近年來，鼎聖機械技術研發合作對象，已轉為國內諸研究機構，如資訊工業策進會、工業技術研究院、金屬工業研

究發展中心、精密機械研究發展中心（Precision Machinery Research Development Center, PMC），與鞋類暨運動休閒科技研發中心等。

「製鞋機械業製程若要擴大自動化，當導入 A、B、C 等 3 項技術。A 指 AI（Artificial Intelligence，人工智慧），B 指 big data（大數據），C 指 cloud（雲端）。」侯景忠剴切地說，鼎聖機械技術研發皆與 A、B、C 相關，現與精密機械研究發展中心合作智慧控溫技術，與資策會共同研發物聯網技術，與金屬中心攜手鑽研自動化技術，與工研院一起開發感測技術。

侯景忠直言，與政府所屬的研究機構技術合作，優點在於可申請政府經費，補貼技術研發的成本。但他也坦承，大多數計畫尚未有具體成果、發揮實際影響力，而合作研發的機台，亦處於試驗階段。

除了與義大利企業、國內研究機構合作，侯景忠並在台灣機械工業同業公會旗下，籌組製鞋機械業專業委員會。製鞋機械業專業委員會角色一如台灣製鞋機械產業的企業聯盟，致力推動成員企業共同採購、資源與資訊共享，以降低成本，與個別簽約、一起接單，凝聚不惡意削價的共識，會員企業數最高曾超過 100 家，現仍有 40 餘家。

期待研發出真正創新的技術

在導入自動化生產設備後，鼎聖機械員工數雖少於昔日，在中國的員工數從 400 多人降至 200 多人，但業績卻有過之而無不及。不過，侯景忠仍憂心忡忡地說，強化製造流程自動化，僅為舊技術之提升，雖能緩解台灣製鞋機械產業的危機，卻只能治標，無法治本，「未來，應致力研發出真正創新的技術，足以顛覆既有的商業模式，台灣製鞋機械產業才有機會重拾昔日榮光。」

鼎聖機械小檔案：

創立：1982 年

創辦人暨董事長：侯景忠

產業別：製鞋機械

地點：台中市神岡區

海外據點：中國、越南

策盟策略：先與義大利製鞋機械名廠 ANZANI 簽訂技術合作協議，從 ANZANI 引進最新技術、概念、美學，當雙方合作關係終止時，轉與資策會、工研院、金屬中心、精密機械研究發展中心等研究機構共同開發新創技術；並在台灣機械工業同業公會旗下，籌組製鞋機械業專業委員會，推動成員企業共同採購、資源與資訊共享，以降低成本，與個別簽約、一起接單，凝聚不惡意削價的共識。

16 | 台灣引興

學習驅動 >>

奉行豐田精實生產哲學，
掌握企業致勝關鍵

台灣引興客戶只要透過網路介面，輸入工具機的參數，不超過 10 分鐘，即可產出產品的設計圖，完全自動化、智慧化。

　　工業 4.0 時代到來，智慧家庭、智慧機械、智慧工廠等詞彙漫天飛舞，洋溢著改朝換代的喜悅。但台灣引興創辦人暨董事長王慶華認為，要做到工業 4.0 之前，必需將工業 2.0、3.0 的基礎做好。

　　成立於 1983 年的台灣引興，以傳統手工鈑金起家，之後轉型為伸縮護罩、風琴護罩、排屑機的專業製造廠，在台灣的市占率高達 80%；並在 1993 年創設 Keyarrow 品牌，致力於賦予機械美感與附加價值，製造優質工具機零組件，矢志成為台灣工具機零組件產業供應鏈的「關鍵之箭」。

被倒帳後引進精實生產

「其實，我是被客戶倒帳新台幣 3,000 萬元後，才認真研究精實生產，而當時，台灣引興年營業額才新台幣 9,000 萬元。」王慶華解釋，1997 年時原本客戶下一個月訂單，但為了方便生產流程，大力鼓吹客戶一次下單三個月，結果客戶倒帳，不單單收不到帳款，連從客戶倉庫拿回來的產品也因為 100% 客製化，只剩廢鐵般的價值。

在 2007 年 3 月起，導入 KAPS（Key Arrow Production System）生產管理系統，即精實管理系統，以「5S + TPM」為基礎，效法 TPS（Toyota Production System）的精神，力求減少不必要的浪費，縮短從接訂單到收貨款的時間，將「持續改善」奉為企業經營圭臬。

拜精實生產之賜，到 2018 年時，台灣引興的生產流程長度，已從 2007 年前的 120、90 公尺縮減至 27 公尺；從投料到成品產出的時間，從 6.6 天、1.4 天縮減至 30 分鐘，並致力達成「零成品庫存」的目標，原料庫存量維持不到年營收 0.6%，而產業的庫存平均量是 20 ～ 25%，出貨速度更勝過其他有庫存的競爭對手。

而且，產品設計時間，也從 2 天減為 45 分鐘；製造

100 個不同規格產品的時間與製造 100 個相同規格的產品相同，將客製化量產，打破客製跟量產的界線，並建立公車式送貨運輸系統，依需求交貨亦降低顧客的成本。

「持續改善」的企業體質改造

　　台灣引興從 18 年前起累計耗資新台幣 1 億多元，努力將流程的制定、資料收集及分析技術的養成等，發展屬於企業內部的知識管理（KM, Knowledge Management）、大數據。到了 2017 年，台灣引興客戶只要透過網路介面，輸入工具機的參數，不超過 10 分鐘，即可產出產品的設計圖，完全自動化、智慧化，相較早年卻需耗時 1 至 2 天。王慶華自豪地說，10 分鐘乃預估的最大值，實際上，設計運算時間從未超過 8 分鐘，平均約 6 分鐘。

　　台灣引興另一個精實生產的代表作，則是於 2017 年所推出的新式排屑機。此款新式排屑機運用嶄新的設計，兼具實用、耐用、美觀與價格實惠等優點，還可折疊，節省可觀的運輸成本。

　　「精實生產的基礎在標準化，而標準化僅是工業 2.0 的門檻。但如果尚未標準化，或已建立標準，卻未徹底遵守，

奢談跨足工業 4.0。」王慶華直言，TPS 堪稱標準化的楷模，
宗旨在於「不斷學習、今天要比昨天進步」、「日常管理、
持之以恆」，「日資企業視 TPS 為哲學，甚至是信仰，稱
之為豐田教，故產品品質遠比其他國家企業產品穩定。」

生產周期為企業勝負關鍵

　　台積電前董事長張忠謀接受天下雜誌專訪時曾言，生產
周期的長短及「製造管理能力」，為企業勝負的關鍵。王慶
華指出，工業 4.0 是自動化、智慧製造的時代，產品生產周
期將愈來愈短，以汽車業為例，根據市場需求，台灣國瑞汽
車產出 1 台汽車的節拍時間為 126 秒，豐田汽車僅需 60 秒，
更計劃縮短至 58 秒，「許多企業成品庫存的時間，從 2、3
個月，縮短為數小時，跟不上速度的企業，就將被淘汰。」

　　台灣引興現已成台灣企業施行 TPS 的標竿，吸引眾多
企業主、高階經理人前來朝聖；王慶華大氣地說，台灣引興
仍持續精進，從不拒絕同業參觀，「參訪者離開後，台灣引
興已再向前邁進了」。他特別強調，TPS 的訣竅在於運用包
括一線同仁，全公司人員的智慧，將製程簡易化，讓一線同
仁作業更輕鬆、更準確，將人類容易犯錯的環節標準化，若

發生異常狀況，立即啟動原因調查、除錯機制，並將其編入既有的標準作業之中，避免重複同樣的錯誤。

剛引進 TPS 時，台灣引興對自身技術層次、產品品質的國際競爭力，尚無十足把握，後將研發多年的專利技術授權給日資企業，並收取權利金，做為企業再上層樓的資本，直至 2014 年為止。2017 年時，台灣引興產品品質已成為國際工具機零組件領導廠商，才開始開發日本市場。並於 2019 年成立 Keyarrow 日本事務所正式進軍日本。

開發終端消費者維修商機

在亞洲市場，台灣引興除了經略台灣，產品主要銷售中國、印度、韓國、日本等國，現已考量在印度設廠。而在歐洲市場，訂單偏向少量、多樣、客製化；台灣引興除繼續耕耘工具機零組件領域，還將運用純熟、卓越的智慧設計技術，開發終端使用者維修商機。

救亡圖存結盟合作

　　台灣引興於 2006 年接受工具機廠邀請，以提升工具機產業生產品質及降低成本等為目的，共同成立台灣工具機產業 M-TEAM 聯盟，並代表台灣工具機零組件擔任聯盟創會副會長。王慶華認為，「標準化亦是企業結盟的重要基礎。」台資企業應先制定管理的共同標準，並根據彼此的強項進行分工，營造企業聯盟滋長的沃土。為此，王慶華也於 2013 年提案行政院，委由經濟部工業局邀請國瑞汽車專案輔導工具機業者，導入豐田生產方式。

　　同時為了引進專利與最先進的生產技術，台灣引興亦曾與德國企業技術合作。王慶華分析：「隨著中國經濟崛起，台灣企業低成本優勢不再，為救亡圖存，不僅企業聯盟必將湧現，企業購併、合併的案例，必將與日俱增。」

引興集團檔案：

創立：1983 年

創辦人暨董事長：王慶華

產業別：工具機零組件（產品：伸縮護罩、風琴護罩、排屑機、外罩鈑金）

地點：台中市西屯區

員工數：約 760 人（含策略聯盟）

策盟策略：為了提升產業生產品質及降低成本，參與工具機及零件業者共同組成的台灣工具機產業 M-TEAM 聯盟，亦為引進專利與先進生產技術，曾與德國企業技術合作。並於 2004 年後反過來將技術與專利授權日本企業。

Chapter 3

傳承優化

01 | 專業經理人接班 >>
尖端醫

傳賢不傳子，
創「接班梯隊」以專業經理人接班

在可見的未來，尖端醫將再從眾處長中，擇優擔任協理、副總經理；如今，已有一位副總經理，是由基層逐步晉升。

　　在先進國家，企業「傳賢不傳子」已行之多年，蔚為社會風氣。但許多台灣企業「家天下」觀念濃郁，縱使是上市櫃的企業巨擘，縱使創業者、經營者也「喝過洋墨水」，甚至擁有國際知名大學的碩士、博士學位，依然堅持「傳子不傳賢」，不願將實際經營權委託給專業經理人。

　　有些企業雖標榜「傳賢不傳子」，名義上的負責人雖是專業經理人，但真正掌握最終決策權的，卻是職位較低或僅掛董事頭銜的企業第二代。因此，致力建立專業經理人接班制度的台灣尖端先進生技醫藥（股）公司（簡稱尖端醫），實屬鳳毛麟角，難能可貴。

堅持從內部拔擢經理人

尖端醫由董事長暨總經理蘇文龍、台灣醣聯董事長張東玄共同創立，尖端醫在 2011 年上興櫃，醣聯也於 2012 年順利上櫃，張東玄為蘇文龍的姊夫，其在生技中心成立時，受前經濟部長李國鼎感召返台的生技學者，蘇文龍原是日資企業台灣三菱電梯的經理人。

蘇文龍經營尖端醫，即以三菱電梯為範本，「三菱電梯股東、經理人涇渭分明，大股東家族成員不干涉經理人經營企業，甚至將董事席位讓予經理人。仍以經理人自居的我深信，由能力卓越的經理人當家，企業才能長盛不衰，成為百年企業，且不會因為一個人出狀況，就遭遇危機。」

目前，尖端醫設有 5 個處，5 名處長與 5 名副處長，正是蘇文龍全力栽培的「接班梯隊」；處長多在 40 歲上下，年紀最長者還未滿 45 歲，在尖端醫的年資，均超過 10 年，副處長皆為 30 餘歲，「與若干中國企業 20 多歲的經理人相較，他們已不年輕！」

蘇文龍堅持「內升制」，更要求處長親自選拔該處的副處長，並充分授權，「不必大權、小權獨攬，當副處長遭遇無法解決的問題時，再給予指導即可，否則下屬將『公務員

化』。」每隔一段時間，各處處長彼此輪調，為來日晉升作準備。尖端醫雖少有「空降的經理人」，但他偶爾也會從別家企業挖角人才，「以刺激其他經理人」。

建立中階主管輪調制度

　　生技產業雖被視為 21 世紀的明星產業，但近年來，台灣生技企業起伏、消長迅速，數家曾「笑傲江湖」的巨擘，現已縮編為無足輕重的小公司。蘇文龍帶領尖端醫一路茁壯，深以這些企業為誡，迄今仍步步小心、處處謹慎；他自豪地說，5 名處長都從基層做起，絕對可承擔重任。

　　業務人員出身的蘇文龍，在創辦尖端醫時，親自訓練業務團隊，還帶著他們拜訪客戶。當踏出客戶辦公室大門，立刻「抽考」同行的業務人員，「這家會不會成交？為什麼？」即可知他們有無成為優秀業務人員的天分，一般都可正確回答，「但擇才時，我會優先選擇個性開朗、說話得體的應徵者。」

　　在可見的未來，尖端醫將從眾處長中，擇優擔任協理、副總經理；當下，已有 1 位副總經理，是由基層逐步晉升，年紀亦是 40 多歲。蘇文龍樂觀地說，尖端醫營業額現仍快

速成長，且受惠於台灣政府全面開放免疫細胞療法，業績、
規模可望再上層樓。

　　「董事長、總經理的繼任人選，一定是從這幾位處長中
選拔。」蘇文龍強調，企業高階主管不必「萬事通」，「總
經理更只要做決策，不用事事管到細節，重點是懂得妥善安
排人事，還要可看見 5 年後市場變化的眼光」，但各單位事
務皆得涉獵，包括財務，故建立中階經理人輪調制度，先前
即讓廠務主管、行銷主管職位相互對調，「希望再 3 到 5 年
後，我便可把總經理職位交出去。」

多種管理思維相互激盪

　　「免疫細胞療法，被醫學界視為癌症的新救星。為了
治病，許多台灣癌症病友跋涉千里、耗費鉅資，到海外就
醫。」蘇文龍解釋，免疫細胞療法潛在商機豐厚，超過新台
幣數千億元，繼日本之後，台灣成為全球第二個全面開放的
國家，「且相關費用較日本低廉，深具國際競爭力。」

　　積極布局細胞治療產業的尖端醫，目前與花蓮慈濟、新
光醫院與北醫附醫 3 家醫院合作，共提出 9 件申請案，其中
花蓮慈濟醫院合作的自體免疫細胞（CIK）應用於第四期實

體癌治療持續服務病患中，加上投入其他適應症的開發，這將取得產業先機，創造更多市場的合作機會。

人貴自知，蘇文龍體悟到，尖端醫若繼續遵循台式、日式管理模式，發展必深受侷限，為活化企業體質，特別引進「源頭活水」，延聘台灣惠普（HP）前執行長擔任獨立董事，現已轉任顧問，「他已經超過 70 歲了，當然不是來接班，而是來幫尖端醫訓練接班人。」

「我熟悉的是台式、日式管理模式，顧問擅長的是歐美管理模式；數種不同的管理思維相互激盪、『混血』，可使企業的體質更健康。」蘇文龍透露，同一件事，假使他與顧問的意見相左，則將召集其他經理人，集思廣益、共商對策，若他與顧問意見一致，「證明彼此看法無誤」，即可成企業定策。

日式、歐美管理模式，各有其優、缺點。蘇文龍比較，「台灣三菱電梯史上最年輕的總經理，就任時 55 歲」，但「顧問 38 歲時，就當上台灣惠普的總經理」，日式管理模式重視經驗，「升遷雖較慢，但較易留住員工」；歐美管理模式獎勵創意，「幹才可快速獲拔擢，但也頗為現實」，「我認為，員工留久一點，不僅對企業較有利，也才能評斷其品德高下，可否承擔重任。」

持續進行內、外部訓練

　　顧問定期參與週會、月會，指點、考察尖端醫的經理人；在其建議下，尖端醫不定期召開專案會議，不僅能及時解決經理人眼下的難題，顧問還可藉此「傳功」，拓展經理人的視野，強化經理人的判斷、決策能力。

　　關於公司業務、人才培訓等面向，蘇文龍與顧問皆相輔相成；蘇文龍是內銷老手，顧問則有 30 餘年外銷經驗，更協助尖端醫布建國際產品通路，先在中國、亞洲市場立穩腳跟，再放眼其他 4 大洲市場。蘇文龍謙稱，顧問曾掌管年營業額 1,000 億元以上的國際級企業，「對栽培總經理、副總經理級主管，他比我更在行。」

　　「除此，尖端醫更評估不同部門的需求，敦請不同領域的專家開課。例如，尖端醫新設細胞部，就先後找了多名醫師、生技專家演講。」蘇文龍強調，尖端醫培育「接班梯隊」不遺餘力，各部門不僅有內部訓練，亦常進行外部訓練，如派遣員工至協力廠商，針對彼此合作項目，進行深度學習，「職位愈高的經理人，受訓的機會愈多。」

　　生技產業是智慧密集產業，尖端醫員工若有生技相關科系學士、碩士學位，若經評量為「可造之材」，還會「送他

們去讀碩士、博士」，相關費用皆由尖端醫「全額津貼」。蘇文龍直言，對尖端醫而言，此舉「惠而不費」，因為他們在碩士班、博士班的論文題目，皆鎖定尖端醫積極研發的領域，「遇到不懂的環節，還可向教授請益，省時又省力。」

未來計劃開設創投公司

在碩士班、博士班攻讀學位的尖端醫員工，還可將公司的研發成果，發表在學術期刊上。蘇文龍大氣地說，尖端醫迄今已培養 3 個博士，數量還將逐年增加，「碩士生、博士生每周上課不多，對公司營運影響並不大。」

「當我交棒後，將轉為輔佐的角色。」蘇文龍笑談「退位」後，計劃開設創投公司，擴大尖端醫的事業版圖，「當下創投公司主事者多半太年輕，甚至沒有實際經營企業的經驗，只懂得看財報，但常被假象矇騙，以失敗告終」；他自信地說，「一家企業有無獲利潛力，我最多聽半個小時簡報，就可知曉！」

台灣尖端先進生技醫藥（股）公司小檔案：

創立：2000 年

董事長暨總經理：蘇文龍

產業別：生技

地點：新北市汐止區

人才優化心法：堅持「內升制」，要求 5 個處的處長，親自選拔該處的副處長，並充分授權，再從眾處長中，擇優擔任協理、副總經理；並延聘台灣惠普前執行長擔任顧問，注入歐美管理思維，並由顧問培育總經理、副總經理級主管。員工若有生技相關科系學士、碩士學位，經評量為「可造之材」，可前往大學攻讀碩士、博士，相關費用由尖端醫全額支付，還可將公司的研發成果，發表在學術期刊上。

02 | 守成難超越更難 >>
鎰寬企業

一代放權二代當責，
積極打出國際市場兩代共贏

從工業時代跨入科技時代，土法煉鋼已行不通，理應將經營權交棒給下一代，去創造企業下一個新紀元，「一代放權、二代當責！」

　　老鷹訓練小鷹飛翔，乃是將小鷹帶到懸崖邊，再將小鷹踢落懸崖；小鷹若不振翅疾飛，就將變為自由落體，隨即「蒙主寵召」。工具機零組件廠、銑床頭專業製造商鎰寬企業創辦人洪旺、周淑美，即堪稱「鷹爸」、「鷹媽」，放手讓兒子洪揚家自負盈虧，從失敗、碰壁中汲取教訓，加速洪揚家帶領企業翱翔的速度。

　　洪旺開門見山地說，「樹大會分枝」，如果兒子不接班，鎰寬企業就將一代而終；幸而，洪揚家決定繼承家業。在交棒給兒子時，洪旺表示醜話說在前頭：「以後，就是兒子的責任了。我退居顧問，且只被動等著被問。」

充實自己以帶領企業

　　就在傳承的過程中，一場突發的火災事故重創鎰寬企業，也燃起鎰寬企業兩代攜手面對困境的信念，讓鎰寬企業浴火重生，從外觀建築物到內部管理制度，洪旺也順勢將經營的重擔交給兒子洪揚家。

　　31 歲的洪揚家畢業於長庚大學資管研究所，專研成本結構及管理，畢業後曾於日系品牌汽車公司上班，接受日系扎實的培訓，學習解決問題的方法及產品快速上手等技能。在熱身過後，洪揚家返回鎰寬企業，從基層助理做起；待熟悉廠務、客戶後，洪旺再將業務交予他。如今，洪揚家已升任鎰寬企業執行長，不僅扮演業務窗口，更已是實質負責公司營運。

　　回到鎰寬企業的洪揚家也不以學歷自詡，經常不時向父親請益，更勤向公司內資深幹部學習機械結構、銷售布局等。雖然在媒體的渲染下，許多人對企業第二代的印象，不外乎開名車、喝美酒，不事生產、紙醉金迷。洪揚家苦笑地說，仍有許多企業家第二代，包括他在內，日日孜孜矻矻、認真勤勉，不斷吸取新知、增廣見聞、建立人脈，希望帶領自家企業再上一層樓。洪揚家直言「唯有領袖才能帶領領

袖」，站在巨人的肩膀才能看到更遠的風景。

　　「中小企業資源遠不如大企業，大企業可循序漸進、有系統地訓練新進員工，中小企業新進員工只能邊做邊學。」洪揚家解釋，汽車廠招聘賣車的業務人員，得先學會新車賣點，從車輛結構、零件功能與行銷技巧，再讓他們「上戰場」，但中小企業卻無此餘裕，「因此，經營者務必持續充實自己，才能帶領企業向前衝。」

與其他二代交流資訊

　　洪揚家除跟著父親的腳步學習經營企業，也一同參與台中市多個二代社團，如大里二代卓越會、台中市機械業二代協進會、台中市工商發展投資策進會跨業交流會等活動，並藉由父親人際網絡「順藤摸瓜」，逐漸建立與其他企業第二代的聯結。同時亦持續進修許多領袖成長及實務經營管理課程，還曾擔任台中大里工業區二代卓越會第四屆會長，積極厚實鎧寬企業的顧問人脈並開發新客戶。

　　台中大里工業區第二代卓越會成立於 2015 年，目的是「海納百川、相互學習、資源共享」，現約有 60 多名會員，來自各行各業，透過舉辦「專題演講、企業參訪、公益活動」

相互交流資訊。

　　洪揚家說明，該會會員包括機械、加工、食品、化妝品、自行車、手工具、塑膠模具、塑膠射出等業者，與其他類似社團不同的是，未設定競業條款，不限公司規模大小，無論工業區內外的企業第二代亦可入會，「但欲入會者，必須已在自家企業中任職。」

　　洪揚家分析，台中大里工業區第二代卓越會不僅扮演資訊交流平台，更是產業潮流的「風向雞」，為他省下可觀的調查、研究的時間。

　　「黑手起家」的洪旺謙稱，「創業過程皆靠土法煉鋼」，在農業時代轉型為工業時代之際，還能成功，但今日已從工業時代跨入科技時代，「土法煉鋼已行不通」，理應將經營權交棒給下一代洪揚家，去創造企業下一個新紀元，「一代放權、二代當責！」

為不同部門調和之鼎鼐

　　因鎰寬企業產品品項繁雜，洪揚家在接任後，除用心精熟每項產品特性、功能，在業務推廣時，更需面對各種不同的客戶，他認為，客戶的指導都是磨練自己在經營路上更上

除此，面對鎰寬企業各部門、資深新進員工調和等，也是試煉接班人必經的歷程。在眾部門中，業務部門與生產部門最易發生爭執，常見業務部門反映客戶的新需求，而與生產部門意見分歧；此時，管理者就得扮演和事佬，對生產部門曉以「時代已經不同」之大義，但「一定就事論事，不拿職位壓人。」

資深員工與新進員工的意見也常不一致。資深員工多為重視經驗，而新進員工學歷較高，較崇尚數據；為降低雙方的歧見，公司特聘請專業教師、業師顧問，到廠開設創新升級、通路布局、管理課程、製程優化以及機械專業等課程，讓彼此可用正確的觀念、術語溝通，也消弭他們與客戶的溝通障礙。

自幼在廠房中成長的洪揚家，對鎰寬企業各項業務雖不陌生，但也發現世代的變遷及市場的變化，著實花了許多時間，才熟稔各個環節。而在他掌舵後，驚覺鎰寬企業過度倚賴中國市場，不利企業長遠發展，遂致力強化數位網站內容，並親至到海外參展，積極開發其他國家的客戶。

現積極開發國際客戶

「早年，與中國客戶洽商，多靠吃飯、應酬。在強化企業數位網站後，透過網路搜尋上門的客戶，已逐年增加，終於將中國市場的占比，降低至約 90%，還拓展越南、印度、菲律賓、波蘭、智利、澳洲、西班牙、美國、加拿大等國家的市場。」洪揚家透露，數位化對公司產生重要性，在網路當道的世代獨占鰲頭，除了產品創新、製程優化，網站升級與即時溝通都是重要的一環。

因應國際局勢變化，為「不將雞蛋放在同一個籃子」，鎰寬企業正全力衝刺歐美市場，在業師顧問建議下，洪揚家到海外實地勘察、落地執行，掌握第一線的市場訊息，再與創辦人洪旺共同討論因應市場及產業的新經營策略，引進 e 化管理思維，讓公司脫胎換骨，延續企業永續的生命力。

縱使如此，為開拓國際市場，參展、觀展仍是開發客戶不可或缺的重要管道。洪揚家計畫邀請其他企業第二代一起打團體戰、國際盃，擴大 Made in Taiwan 的範疇，透過上下游整合、異業結盟，增加合作機會，深化彼此合作關係，「畢竟團結力量大，一個人跑很快、一群人走很遠，與其唯我獨尊，不如共創雙贏。」

親自造訪國際客戶，讓洪揚家有全新的體悟，如亞洲國家客戶重人情，而歐美國家重產品性價比（即 CP 值），並發展出更多元的商業模式。例如，他前往某越南廠洽商，得知對方並無工具機零組件需求，僅需要整機；於是，他轉介鎰寬企業的整機廠客戶，雙方皆大歡喜，創造三贏，「幫忙客戶，亦是鞏固與客戶合作關係的方式之一。」

將持續因應潮流轉型

「客戶需要產品 A，但你卻只有產品 B、C。如果客戶仍下單，那就是『賣你面子』，但數量一定不多。」洪揚家分析，遭遇類似狀況，有時努力蒐羅自家眾產品，能找到趨近、可取代 A 且價格較低的產品，如此既能增長業績，又可為客戶節省可觀的經費，「但可預見的，溝通時間必定也較長。」

在可見的未來，洪揚家希望，將中國市場在總業績的占比從 90% 再降至 50%。在他努力下，印度市場占比現已增至約 5%，頗為可喜。他加重語氣說，產業趨勢不斷變化，鎰寬企業也將隨之調整，未來將持續轉進獲利較佳的企業。「創業難，守成更難，超越更是不易。感謝父母親的看重，

與員工的同心群力支持，會學習以更謙卑的態度和百折不撓
的耐力，來面對問題、迎向挑戰，積極開創新的未來。」洪
揚家說。

鎰寬企業小檔案：

創立：1977 年

董事長兼總經理：洪旺

副總經理：周淑美

執行長：洪揚家

產業別：工具機零組件

地點：台中市大里區

人才優化心法：第一代放手讓第二代洪揚家自負盈虧，讓他從失敗、碰壁中汲取教訓，加速展翅翱翔的速度。洪揚家參與多種二代經營者組織，也舉辦各式教育訓練課程，致力充實管理知識，厚實顧問人脈。

03 | 人才即企業命脈 >>
創集團

組織結構靈活、彈性，
設「創學員」致力培育人才

人才培育不該只提供訓練，更要給予資源與犯錯的空間，讓
他們適才適所，熟稔各產業的網絡。

　　台灣最美的風景是人，最寶貴的資產也是人。自 21 世
紀以降，台灣政府積極提倡知識經濟、文創產業；兩者的核
心並非設備、資本，而是人才。只是，受限於規模，大多數
文創企業已然獲利艱難，遑論培育人才。

　　因此，全國最大創意、廣告代理事業體——創集團
（Group TRON），從始業到今日，不僅用心栽培後起之秀，
並鼓勵中高階主管晉升為事業夥伴，尤顯難能可貴。創集團
共同創辦人暨人才長朱企成直言，創意、廣告產業實為輕資
本產業，「人才就是主要的設備、資本」，是唯一可倚賴的，
故「絕對不可忽視人才培育」。

人才是創意、廣告產業的命脈

　　回首產業發展史,在 2002 年、台灣加入世界貿易組織
(World Trade Organization, WTO)時,創意、廣告產業即
被列入開放名單;之後將近 10 年,台灣創意、廣告市場,
近 90% 為歐、美、日商所壟斷。今日引領台灣產業潮流的
創意人、廣告人,包括朱企成,幾乎都曾在外商任職。

　　「創意、廣告產業,是非常『接地氣』的產業。簡單地
說,台灣許多廣告,外國人根本看不懂。」朱企成分析,
歐、美創意與廣告企業大舉進駐,但數年後紛紛因「水土不
服,加上大中華市場思維,較為看輕台灣市場獲利能力而撤
資」,其中各大外商廣告公司培養的台灣本土廣告人相繼創
業,小型新創創意與廣告公司如雨後春筍般湧現;而由數名
創意人、廣告人共同創辦的創集團,堪稱箇中佼佼者。

　　創意人、廣告人熱愛「藏頭創意」,TRON 即採 talents(人
才)、resource(資源)、optimization(優化)、network(網絡)
的首字而成。朱企成解釋,Talents 做為 TRON 的第一個字母,
意指創意、廣告企業應首重人才培育,因「人才就是命脈」,
但人才培育不該只提供訓練,更要給予資源與犯錯的空間,
讓他們適才適所,熟稔各產業的網絡。

　　「創意、廣告企業門檻不高,與電子企業相較,資本額天差地遠;設備僅有電腦、印表機、投影機等,所有工作都得由人來執行,薪資即占集團支出約 60%。」朱企成表示,為展現對人才培育的重視,創集團特別設置人才長職務,「這是為了樹立並執行培育優質人才的決心,以落實創集團每年重要的人力與資金的投入,也才能進一步體現在提供客戶更優質的服務,為企業創造更高額的利潤!」

集團入股各公司建立企業聯盟

　　創集團採「螞蟻雄兵」策略,旗下成員從最初的 6 家,成長至 33 家公司,類型有廣告公司、設計公司、數位內容公司、媒體代理公司、媒體購買公司、影像製作公司、活動公關公司、社群網站公司等,員工現約 330 人,每家公司平均約 10 名員工。其中,台灣公司居多數,亦有公司設址於香港、廈門、上海與曼谷等處,客戶約 400 家。

　　「創集團並非策略聯盟,而是透過母集團入股各公司,有的入股 20%,有的入股 30%,以此為主要聯結方式。」朱企成解釋,因母集團股份占比不高,故每家公司都是獨立公司:政策自主、文化自成、盈虧自負,但仍可彼此奧援、

相互合作，垂直、橫向聯繫皆頗為順暢，「近年來，創集團接連獲頒數個專業獎項，足見此結盟模式運作成效良好。」

因創集團本身僅是旗下成員公司中的小股東，各公司跟創集團、以及其他成員之間的互動與依存關係，也端賴負責人各自的營運決策、體驗，甚至是個性來決定；故創集團成立至今，雖陸續有新公司加入，也曾有數家主動退出，至於績效不佳或發展方向不如規劃者，朱企成也會從經營輔導的角度，勸說負責人調整或停業，2012 年截至目前為止，「幸而開得多、關得少，並且陸續都在預期的軌道上」。

網路、智慧型手機普及後，影響力已超越傳統媒體，創意、廣告公司也得與時俱進，才能滿足客戶的多元需求。朱企成直言，創意、廣告公司類別、功能與專長多元，「但客戶不見得能清楚區分」，且當下客戶委託案的內容，常非一家公司可獨立承攬，「在創集團內，承攬客戶委託的公司，多半會在集團內尋找合作對象，一起為客戶服務。」

從功能面、非功能面培育人才

然而，他特別強調，創意、廣告產業與製造業大異其趣，無法機械化營運，步調非常快速，員工流動率向來居高

不下，「即使是後勤的財務、資訊人員，也比其他產業來得活潑、外向，自主意識更強」，「其他產業的管理模式很難移植在這個看似天馬行空，但同時又充滿邏輯、追著時代節奏前進的行業」，所以主管的責任在於「凝聚員工的士氣、將他們安排在正確的位置，並不斷激發他們的潛能。」

「常有人問，創集團投資旗下成員公司 20%、30% 的股份，如何進行管理？」朱企成先回應，「重點不是『管』」，接著明確說明，「就算出資 100%，在創意、廣告產業，只能去影響、建議、有時候甚至是『感動』，而非下指導棋。」

為此，創集團從功能與非功能兩大面向，施行完整的人才培育計畫。功能面的訓練，主要是強化、增益員工服務客戶的技能，包括發想策略、創意產出的刺激、舉辦活動、媒體工具知識、廣告素材製作等；非功能面的訓練，即指導員工如何與客戶聯繫情感，包括深度認識客戶的習性、特殊客戶的需求，甚至如何增加夥伴關係等。

大型創意、廣告公司，員工僅需專注於幾個大客戶。但中、小型創意與廣告公司的客戶，則可能有「百百種」，涵蓋通訊、飲料、化妝品等性質迥異之產業，加上創意、廣告產業競爭日益激烈，已進入「微利時代」，經營難度愈來愈高，非功能面的訓練更顯得不可或缺。

培育創意、廣告公司／代理商的小老闆

　　除此，創集團還將內部的人才訓練，獨立成「TRON School」（創學園），商借台北大學教室上課，課程包括專業性課程、「開拓視野」課程等，並建立豐富知識庫，讓新進員工可在內部官網按圖索驥，迅速找到合適課程，自我進修。每年，更舉辦創意日（Creative Day），邀請其他國家的獨立創意公司經營者來台交流，讓員工親炙世界一流創意、廣告高手，「而部分來賓現也已成為創集團的海外事業夥伴」。

　　「不過，創意來自獨立思考，而獨立思考無法靠他人訓練。不同人自我訓練思考的模式，亦差異甚大，有人透過讀書，有人透過聊天⋯⋯」朱企成進一步表示，創集團人才培訓的最終目的，在促進每位成員獨立思考、發揮創意，創造尊重多元、包容異質的職場，以服務性質殊異的客戶，「共識比融洽更重要，底線是不對外批評同仁」。

　　朱企成更加強調，創集團致力人才培訓，不僅是培育優秀的員工、主管，更為了培育「創意、廣告公司／代理商的未來老闆」。他觀察，「從廣告、數位、製片公司離職的員工，有些就自行開設廣告、數位、製片公司」，但「通常開

幾家，就倒幾家」，原因至簡，「他們大多是創意人、業務
人，在自己專擅的領域，能做能想，但不見得懂得經營。」

總經理／負責人相互提升、也代客教育訓練

在實務上，創集團扮演旗下成員公司的財務、會計、法
規、行政平台，協助負責人營運、管理事宜，「有些公司加
入創集團時，根本沒有清楚的帳目，甚至不懂如何報稅」。
而各公司負責人在常態性交流會議的薰陶下，各公司合作的
撞擊刺激下，營運、管理能力也能隨之快速成長，橫向聯繫
帶來的附加價值高於策略聯盟集團。

創意人、廣告人總是靈活而機變，無論結盟模式、人才
培訓制度，創集團皆領袖群倫，更發現教育訓練商機，組織
「總經理團隊」，代客進行教育訓練，開發出新的營業項目。
目前，常態性委託教育訓練的客戶，為一家中國寧夏自治區
的地產開發商集團；創集團受邀西進，協助該集團訓練不同
產業的行銷人員，以利其跨領域發展。

創集團小檔案：

創立：2012 年

共同創辦人暨人才長：朱企成

產業別：創意、廣告

地點：台北市中山區

人才優化心法：創集團特設人才長一職，由創辦人之一的朱企成擔任，以視對人才培育的重視，更從功能面、非功能面，施行完整的人才培育計畫，並創立創學園、建立知識庫，讓新進員工可迅速融入工作情境，每年還舉辦創意日，邀請其他國家的同業高層來台交流。

04 | 傳承五代百年基業 >>
合隆毛廠

看出前人經營的優缺，
第五代創企業新價值

「接班與上班差異不大，都得把事情做好」；但企業接班人受到先人、長輩庇蔭，要為企業創造新價值，才能獲得社會的普遍認同。

　　許多企業第二代、第三代，自幼即知曉「長大後要接班」；有人備感壓力，合隆毛廠董事長陳彥誠卻舉重若輕。他倡言，繼承家族事業的最大優點，在於「可在『搖滾區』，就近觀察長輩的作為，最利於經驗傳承。當然，會看到長輩全部的優點、缺點，當自己掌舵時，就知道如何調整。」

　　成立於1908年的合隆毛廠，是名副其實的「百年企業」；總裁陳焜耀是第四代，1981年出生的陳彥誠則是第五代。合隆毛廠不僅是台灣羽絨產業的領導者，更已在德國、韓國、日本、加拿大等國設據點，年營業額達50億元，產品行銷各大洲，在全球紡織業有舉足輕重的地位。

大學時，針對他到合隆毛廠任職一事，父親曾多次與他深談。2003 年，陳彥誠一畢業，隨即進入合隆毛廠上班，跟著父親四處拜訪客戶，之後被派至中國各廠歷練，「起初，我根本沒有職銜。其實，沒有人不知道我是誰，職銜的意義不大，『在企業中，叫先生的，通常最大』。」

第四代在健康時交班第五代

陳彥誠先到深圳廠任職，再轉赴河南廠。2005 年，他銜父命，前往黑龍江省杜爾伯特蒙古族自治縣設廠。黑龍江省冬季酷寒，且長達半年，陳彥誠必須與時間賽跑；但他不負所托，在土地結凍前完成建廠，廠房品質還超越合隆毛廠在中國的其他廠房。

接著，陳彥誠又被父親派往日本，主導成立日本合隆株式會社。2015 年，60 歲出頭的陳焜耀，決定由不到 35 歲的陳彥誠繼任董事長；與諸多傳統企業的負責人相較，陳焜耀仍頗為「年輕」，卻急流勇退，足見他對兒子的信任。

合隆毛廠員工的解讀是，陳焜耀選擇在身體仍頗為健康時，就交班給陳彥誠，實是用心良苦，「如此，董事長才有犯錯的空間，有時間逐步進行調整。而在學習過程中，總裁

可從旁輔導。」

接手合隆毛廠後，陳彥誠嶄露過人的商業手腕，先更換企業 LOGO，再裁撤功能不彰的事業體。2016 年，他收購美國客戶在韓國設立的羽絨原料公司，該公司現躋身韓國羽絨企業前 3 強，成為合隆毛廠的「小金雞」；同年，創立自有品牌「合隆羽藏」，銷售客製化寢具，業績也相當亮眼。因此，雖然羽絨價格自 2015 年起連跌 2 年，合隆毛廠卻未出現赤字。

接班人職位愈高聽力要更好

在他看來，「接班與上班差異不大，都得把事情做好」；但企業接班人受到先人、長輩庇蔭，要為企業創造新價值，才能獲得社會的普遍認同。陳彥誠加重語氣說，「任何企業經營者都會遭遇挑戰，與是不是接班，完全沒有關係」，而接班人在家族企業的職位愈高，「聽力要更好」，才不會迷失。

「長輩若還在企業體系中，企業接班人應有體悟，『一個人的成熟度，不一定與年齡成正比』。」陳彥誠苦笑地說，有些長輩久居高位，晚輩作為若不合他意，就可能心生不悅；

若干企業接班人自覺身陷桎梏，他則開朗地說，「只要經營好合隆毛廠，我還是很自由的！」

陳彥誠直率地說，「在當上董事長之前，我並未感受到特別大的壓力，把職銜責任範圍內的事做好即可」，而就任董事長後，還得了解財務、倉儲等業務，「因為無論任何問題，我都得負最終責任，發現所有領域的能力，都得加強」，幸而壓力雖較大，但「學習的速度最快，學到的東西也最多」。

合隆毛廠總裁陳焜耀繼承家業的歷史，收錄於《商人之道》一書。陳彥誠表示，每個經營企業的家族「家風」各異，培養接班人的方式不盡相同，縱使是同一個家族的成員，個性也可能天差地遠，天賦、特長南轅北轍，「我與父親，個性就完全不同」，家族企業對家族成員的職務設計，「應以不違背其個性為原則」。

父子倆屏除情緒、理性商議

例如，比陳彥誠小 8 歲的弟弟陳彥誌，先前負責合隆毛廠的研發事務，並執行陳彥誠交辦的專案。目前，陳彥誌已升任合隆毛廠的副董事長。陳彥誠直言，「不同個性，適合

不同的組織架構」，故在他擔任董事長後，便調整合隆毛廠的組織，「調整成適合我個性的架構」。

合隆毛廠員工觀察，陳焜耀、陳彥誠父子的作風確有差別。陳焜耀偏好邊做邊調整，漸次逼近目標，較重視過程；而陳彥誠在明訂目標後，總要求一次到位，較重視結果，「但在執行的過程中，有時會衍生出別的事務」，要求雖嚴格，「但員工有疑難、不解之處，他都會不厭其煩地解釋。」

「自當董事長起，我便不斷地增聘新員工，分攤父親以前負責的部分業務。」陳彥誠指出，父親治理合隆毛廠時，許多事情皆親力親為，「這並非壞事，但不同的時代，有不同的商業環境」，「我不能只維持現狀，一定要做一些別的事」，而新事物的細節，「不可能由董事長獨立完成，必須分派給其他人。」

然而，「較重大的事」，陳彥誠仍會先告知父親，「因我行事向來謹慎，父親點頭的機會頗高」。兩代間難免有意見相左之時，但「只有在高層次的議題，才會起衝突」，但彼此都能屏除情緒、理性商議，「不讓有心人士有可乘之機」。

目標明確，成就一家好企業

陳彥誠不僅手腕靈活，思維亦相當縝密、深邃，不盲從企管理論。例如，合隆毛廠不預設營業額；他解釋，「以原物料為主力產品的企業，若預設營業額，很可能為追求數字而盲目接單，反倒容易發生虧損」，並強調，「我的目標是讓合隆毛廠成為一家好的公司。合隆毛廠是否在做正確的事，是否有為員工創造愉快的工作環境。」

在合隆毛廠的海外布局，中國占比最重；但日益白熱化的美中貿易戰，讓陳彥誠對合隆毛廠是否增資中國，態度趨於保守。他分析，羽絨並非敏感戰略物資，也非美國、中國的爭議項目，暫不會被中國政府限制出口；且在合隆毛廠的營業額中，美國市場的貢獻甚低，營運受美中貿易戰影響甚微，「但仍有客戶被嚇走。」

陳彥誠澄清，合隆毛廠一直有自有品牌，他只是將其renew（更新、活化），「較認真去經營」，畢竟一個部門若不持續鍛鍊，「只會不斷萎縮」。他也深有所感，「純製造的日子，只會愈來愈辛苦」，因此合隆毛廠近年來致力提升自有品牌的業績，「目前，雖僅貢獻總業績的 2%，且侷限於台灣市場，但成長速度相當快，仍值得期待。」

　　「我經營企業，最重視綜效。」陳彥誠自豪地說，合隆毛廠母公司現在最大的客戶，正是子公司；子公司負責經營在地業務，母公司掌管生產製造、品牌加值，並作為子公司開拓下一階段任務的後盾。

要為專業經理人創造好環境

　　父親嚴格訓練陳彥誠，陳彥誠對合隆毛廠的員工培訓，自不馬虎；他加重語氣說：「家族企業也得晉用專業經理人。重點在於，家族成員如何創造好的環境，讓專業經理人可以安心任事、發揮所長。」

　　他特別重視兩件事，一是週會，二是每年至少兩次的人才考核。合隆毛廠的週會，他要求部屬討論時事，以增益思考深度；而人才考核的基準，並非薪資、KPI（Key Performance Indicators，關鍵績效指標）高低，而是員工融入公司的狀況，與員工的職務安排是否恰當。

　　「一個員工發生問題，不一定是他個人有問題，有可能是所屬部門、公司流程有問題。」陳彥誠解釋，人才考核目的在認識公司的真實情況，並齊心協力解決問題，「企業應建立良善的制度，而非訴諸道德」，而合隆毛廠也會挑選員

工到專業機構受訓，「若是高階主管，更將全額補助經費。」

　　近年來熱衷四大極地超馬賽事的陳彥誠笑著說：「跑過馬拉松之後，就會發現其他事情，沒那麼困難。」而他也預訂在 10 年後退休，除了工作，更要多陪小孩，「否則如何建立家風」，他更鼓勵弟弟、女兒「努力往上爬」，「我才可如願退休。」

合隆毛廠小檔案：

創立：1908 年

總裁：陳焜耀

董事長：陳彥誠

產業別：紡織

地點：台北市中山區

人才優化心法：第五代、現任董事長陳彥誠大學畢業後，即進入合隆毛廠任職，先在中國深圳廠、河南廠任職，後負責興建黑龍江廠，並創辦日本分公司。他特別重視週會、人才考核，並全額補助高階主管到專業機構進修。

05 | 百年漢餅老店創新 >>
郭元益食品

被資深員工感動願接班，
產品多元改良打入年輕族群

為消弭落差，郭建偉積極增加伴手禮、節慶商品、下午茶點心品項，透過調整產品結構，同步調整毛利結構，並調整諸多細節。

　　台灣漢餅品牌雖眾，歷史逾 1 個半世紀的郭元益食品，迄今依然是領頭羊，知名度、影響力皆稱冠。但近年來，在西式糕點強力進逼下，消費者口味已巨幅改變；為持續「抓住消費者的胃」，郭元益食品不斷更新、調整漢餅配方，更切入百貨公司、便利商店、機場免稅店等新通路，並推出單入商品，進軍下午茶市場。

　　除此，「喜餅之王」郭元益食品還推出 House of Kuo（HOK，郭元益的家）餐廳，研發「漢洋合一」的新型糕點，並與聶永貞、詹朴等設計師合作，為直營門市與員工制服換新裝，期待可為老店開創新活路。而在郭元益食品的轉型過

程中,家族第五代、副總經理郭建偉正是關鍵人物之一。

巧遇資深員工促成返家任職

　　郭建偉返回郭元益食品接班的故事,彷彿偶像劇般溫馨、夢幻。從學生時代到職涯初期,在個人志趣、長輩期待間,他努力尋求平衡;高中就讀第 2 類組的他,在長輩的建議下,進入文化大學建築系,畢業後轉赴美國攻讀行銷。

　　「畢竟家族從商,在餐桌上,我常聽長輩們聊工作上的事;從建築轉入商科,本是順理成章。」郭建偉回憶,在美國讀書時,他熱衷鑽研市場調查,「還沒畢業,就已找到台灣市調公司的工作」,回台後馬上履職,每天搭公車上、下班;而職涯的轉折點,正發生在公車上。

　　童年時,郭建偉居家頂樓,正是郭元益食品的員工宿舍;許多資深員工都「看著他長大」,親如家人、長輩。有一天,上班途中,他在公車上巧遇一位郭元益食品的資深員工;這位資深員工滿手郭元益食品的中秋樣品,計畫前往多家企業客戶分贈。

　　在公車上,該名資深員工情深意切、鉅細靡遺地向他述說,某公司去年訂了何種口味的月餅,另一家公司老闆有何

獨特嗜好，郭元益食品今年進行哪些調整。當時，郭建偉內心五味雜陳，「我雖是郭家成員，卻感覺像個外人」，返家念頭逐漸在他內心萌芽、滋長。

父親與員工的「中翻中翻譯機」

無巧不成書。不久後，因擔心爺爺多年前拍攝的BETAMAX 錄影帶發霉，郭建偉委託照相館轉為數位檔；這部影片拍攝時，郭建偉甫出生半年。觀看影片時，正規劃赴日深造的他，發現公車上資深員工年輕時的身影，同樣帶著樣品，正將啟程拜訪客戶，「資歷比我的年紀還大」。備受感動的他，終於下定決心，從日本歸國後，將繼承家業。

返回郭元益食品任職，郭建偉先到工廠歷練，「各個崗位輪過一圈」後，再接手伴手禮規劃業務，之後轉接郭元益糕餅博物館規劃，再陸續掌管企劃、營業業務，與總管理處；職位也從總經理特助，升至副總經理。

身為郭元益食品總經理郭榮壽的兒子，在家族企業中，郭建偉深刻感受身分的特殊，「縱使我身在基層，也不會有人視我為基層員工」。但他直言，當與父親意見不一致時，大多仍由父親作最後裁決，「畢竟，他還是我老闆」；他選

擇以書面方式，向父親提出建言，「在打字的過程中，思考必定更為縝密、完整」，父親也較願仔細閱讀方案，「彼此較能理性溝通」。

郭榮壽作風低調、寡言，郭建偉常扮演父親與員工的「中翻中翻譯機」。當父親下達命令時，郭建偉總勸勉員工，「我們要嘗試理解，總經理為何這麼說；更重要的是，如何達成此目標」，至於是否遵循郭榮壽指示的步驟，「大家再討論！」

致力拉近與年輕消費者距離

「對於何時正式接班，我並不在意。因為當父親準備好時，我也準備好了。」他體貼地說，當父親決定邁向下一個人生目標，自然會交付更多業務，也說明過往父親也少有明確指示，多默默觀察郭建偉的工作表現，獲得肯定後，方會再晉升，逐級地放權、放手。

郭元益食品全台門市目前約 25 家，現約有 600 名員工，不少資深員工與郭建偉感情深厚。但他強調，「道理應擺在人情之前」，擬定、執行任一管理決策，都必須全方位考量，「不見得可符合大多數人的最大利益、最大期望，一定得有

所取捨」，更不能偏頗單一或少數員工，否則「判斷必將失準」。

郭建偉進入郭元益食品後，主導多項變革，致力拉近與年輕消費者的距離。他慎重地澄清，「150 餘年來，郭元益食品一直與時俱進，不斷尋求突破」，晚近因消費者口味變化頻率激增，郭元益食品也加快調整的步驟，「現在糕餅不再那麼油、那麼甜」；只是，因郭元益食品還有約 50% 收益來自喜餅，「很多人的印象，仍來自喜餅，甚至停留在 20 多年前，並未察覺郭元益食品幾年來的努力與變化。」

運用擅長的市場調查後，郭建偉驚覺，「郭元益食品的品牌現狀與消費者印象，落差竟如此之大」。為消弭落差，郭建偉積極增加伴手禮、節慶商品、下午茶點心品項，透過調整產品結構，同步調整毛利結構，「並調整諸多細節」；可喜的是，伴手禮、節慶商品收入在總業績中的占比，已逐年提升。

免稅商店業績 10 年成長 10 倍

「受少子化浪潮衝擊，每年結婚人數必將下修，郭元益食品不能再高度仰賴喜餅。」郭建偉分析，郭元益食品強化

伴手禮、節慶商品、下午茶點心品項，旨在打入日常生活食品市場，但一定得與其他通路合作行銷，「郭元益食品無法四處設點」，但效益顯著，「在免稅商店的業績，10年來成長近10倍，與便利商店的合作關係，也愈來愈密切。」

郭建偉雖然年輕，卻相繼擔任中華民國觀光工廠促進協會、桃園觀光工廠促進發展協會的領導職；而參與協會運作，「幫助我為人處世更為圓融」，也讓他結識若干企業第二代，「彼此碰撞、激盪出許多想法」，成為他經營企業的養分。

數年前，郭建偉也發現，「並非改變品牌形象，就可完成對業績的所有想像」，遂進一步調整營業人員的獎酬制度。他解釋，昔日郭元益食品致力推廣新產品，將營業人員的獎酬與新產品「綁在一起」，導致營業人員無論面對何種客戶，都強力推銷新產品；如此，雖衝高新產品的銷量，卻「冷落」了其他產品。

「郭元益食品已是台灣歷史最悠久的漢餅品牌，實不必再以獎酬制度形塑明星產品。」郭建偉建立新制，將所有產品的銷售成績，皆與營業人員的獎酬連動。此後，郭元益食品營業人員可針對消費者的喜好，推薦合適的商品，成功拉抬整體業績。

衝刺國際市場爭取成長空間

　　有鑑於台灣漢餅市場早已飽和，加上「送禮風氣逐漸萎縮」，郭建偉衝刺國際市場，為郭元益食品爭取成長空間，主要鎖定「日本、韓國、新加坡等東亞市場，與澳洲、美國、加拿大的華人市場」；海外市場收益，現約占總營收的10%。目前，郭元益食品也已進軍美國超市，更成功赴日本拓點開業，並設址於東京都誠品內。

郭元益食品小檔案：

創立：1867 年

總經理：郭榮壽

副總經理：郭建偉

產業別：食品

地點：台北市士林區

人才優化心法：第五代郭建偉返回郭元益食品任職後，選擇以書面方式，向父親、總經理郭榮壽提出建言，建立彼此理性溝通的模式，並相繼擔任 2 個協會的領導職，結識若干企業第二代，激盪許多經營企業的想法。郭建偉也調整營業人員獎酬制度，不再塑造明星產品，改針對不同消費喜好，推薦合適的產品，以帶動整體業績。

06 二代主導獨當一面 >>
老 K 牌彈簧床

以理財教育培育，
接班從基層起

「以身作則，公私分明」是家族企業必須遵守的原則，才能避免經營公私不分、盈虧不明。無法掌握公司實況，就不可能掌握經營問題，更遑論調整改善。

　　「老 K 牌彈簧床」這個品牌當初命名時，原擬登記「國王牌」，但已有人捷足先登，才另想出此好記又好叫的名字「老 K 牌」，意喻最高級的享受，也代表人生最高的福祉。

　　回顧五十年前的台灣，少有人使用彈簧床，多以木板墊上棉被。鄭麗華創辦老 K 牌彈簧床，擔任歐麗樂股份有限公司的董事長。而鄭麗華數十年前就視獨子莊盛禧為接班人，早早準備實行理財教育，並融入生活，以作為接班的第一重要課程。

潛移默化　重視二代理財教育

　　鄭麗華非常重視理財教育，茲因原生家庭本是日本湯淺電池（YUASA）的台灣代理商，家境寬裕，但初中2年級受礦災波及，家中經濟頓時斷源，連上學買車票的錢，都得改向同學借腳踏車，自力通勤度過危機。後來，鄭麗華靠著到救國團教授土風舞，賺取自己與妹妹的註冊費，半工半讀地完成學業，雖然艱辛，倒也樂觀進取、勤儉努力。

　　她回想，母親如果懂得理財儲蓄，遭遇困難也不會立陷窘境，所以要求小孩從小養成自主的理財觀念，但卻也因事業繁忙，無暇顧及零用花費明細，直至莊盛禧小學三年級，方給予120元以及一本收支簿，讓他自由運用金錢，只須逐筆記錄開支。乖巧的莊盛禧也一路詳實記錄，直至高中畢業。鄭麗華說，「整整九年的收支記錄，目的是培育不越矩的品行，學習經濟自主，更理解儲蓄是以備不時之需。」

有心栽培　深入瞭解自家產品

　　鄭麗華於莊盛禧就讀大學前夕，即與先生商議，閉口不提接班，以免心生抗拒、適得其反，但透過淺移默化的循循

善誘，在莊盛禧高中暑假時，提供 2 倍的工讀薪水，利誘莊
盛禧與一名要好的同學，到老 K 牌彈簧床工廠打工，兩人
一組，同心合作，負責搬移很重的床墊。鄭麗華分享，這樣
的安排是為了讓莊盛禧實際參與工廠運作，更瞭解老 K 牌
彈簧床的製程及品質。

　　到了大學，莊盛禧原就讀應用化學系，後參與插班考
試，轉攻土木工程系，當兵退伍後又繼續攻讀土木工程碩士
班，待考取土木工程執照，即赴一家工程顧問公司求職且簽
了 2 年的工作合約。

　　原向父母表明志向於土木工程的莊盛禧，卻在合約即將
到期前，頻頻探詢承接家業的可能。原來兩年的工作，讓莊
盛禧認清，這工作必須經常性 24 小時趕工，甚至曾 2 天 2
夜不曾闔眼，也因為切身感受，讓莊盛禧重新審視，幾經分
析後，了解返家工作，無論是管理、製作，甚至可以參與研
發，可以接觸更多元化、學習也更多面向。

　　面對莊盛禧期待返回公司工作，鄭麗華說，一開始是與
先生商量，希望莊盛禧轉與友人共同創業，若創業構想與計
畫具有未來發展性，即投入資金、支持莊盛禧的新事業。

　　但莊盛禧心意已決，一心想參與老 K 牌彈簧床的經營，
鄭麗華也藉此表明立場，原本 2 年前為莊盛禧保留的課長職

務，早已安排他人接手，現在改弦易轍，只能從基層課員開始，一切照公司制度。鄭麗華強調，沒有特例，也不會有特權，更不可能仿效其他企業為他增設「董事長特助」。

公私分明　第一代以身作則

鄭麗華認為，「以身作則，公私分明」是家族企業必須遵守的原則，才能避免經營公私不分、盈虧不明。無法掌握公司實況，就不可能掌握經營問題，更遑論調整改善，唯有一步一步邁向危機。

鄭麗華也為此曾嚴肅地告誡莊盛禧，「經營老 K 牌彈簧床 40 多年來，我不曾自公款中拿取一毛錢，用於自己身上，務必嚴守原則」，自己的薪水才能支應私人支出花費，「不是公事的開銷，絕不可以私報帳。」

鄭麗華也表示，有計畫的動用鉅額資金，以改良設備，或大規模的興革，都必須附上簽呈明文請示，只要內容屬實、詳細清楚，或具創新構想，或需汰舊更新，在公司財務範圍內，合理、合宜的，都會被核准執行。

莊盛禧自 1996 年進入老 K 牌彈簧床廠，從基層課員一路升任課長、營業經理、副總經理，直至 2011 年，晉升為

總經理。在莊盛禧的經營之下，年年業績皆穩步成長，從前
3 年成長 2%；2015 年再擴大經營觀光工廠，進一步帶動老
K 的品牌知名度與產品行銷，成長幅度已提升至 5%。

子隨母規　二代主導獨當一面

莊盛禧在經營的大方向上，「子隨母規」，仍遵循鄭麗
華的經營方針，不赴中國設廠。鄭麗華解釋，「彈簧床並非
高科技產品，過去多是台灣床墊業者西進中國的例子，很快
地技術被學走，發展也受阻。」尤其中國床墊業者崛起後，
產品價格比台灣產製更低廉至少 30%，大舉搶食台灣企業
的國際訂單。即使仍有些日本客戶堅守，但也難免日本市場
受到中國床墊的侵食，鄭麗華因此鼓勵老 K 牌彈簧床廠轉換
身分，反為日本客戶在中國選貨、驗貨，從中賺取顧問費。

經年累月，莊盛禧在實際經營的範疇，也愈來愈擴展，
更為純熟，無論是廠內管理、生產線 SOP 改善、公司收支
拿捏，以及流程改善等費用占比等，皆完善規畫、符合流程、
確實執行，歷經九年的做中學，已漸獨當一面。

爾後，莊盛禧更全權主導老 K 牌彈簧床的製程與行銷，
鄭麗華僅參與管理財務，並將工作心思轉移至觀光工廠，同步

調整生活重心至自創的新桃源樂友合唱團，征戰海內外表演。

放手傳承　開展「老 K 舒眠文化館」

鄭麗華說，「老 K 舒眠文化館」毗鄰老 K 牌彈簧床工廠，以門口守衛室為起點，直線至對面的百年樟樹為界，隔開兩個區域。她告訴莊盛禧，「以此為界，那邊工廠的事，全部交給你，這邊觀光工廠的問題，我來處理」。

鄭麗華下定決心將經營 45 年、枝茂葉盛的工廠交由莊盛禧經營，而自己專心負責「老 K 舒眠文化館」。從製造業再重新開展服務業，鄭麗華堅定的表示，要再次從零開始，秉持挑戰自我的精神，再創新高峰。

鄭麗華也期待未來的生活，一方面快樂地在舒眠文化館，與來訪者講述 50 年創業歷程，分享睡眠的重要性；另一方面也將全心培育新桃源樂友合唱團，期望成為台灣著名的地方合唱團。

最後，她提醒：「好的領導，必須懂得看清局勢，看懂方向，才能帶領老 K 的員工走對的路，做善的事；避免步入險境，也要勇於開創新局面，才能保護大家過著平安、快樂的生活，方能對得起此生。」

老 K 牌彈簧床（歐麗樂）小檔案：

創立：1971 年

創辦人暨董事長：鄭麗華

總經理：莊盛禧

產業別：彈簧床

地點：桃園市新屋區

人才優化心法：第一代鄭麗華即特別重視理財教育，致力培養第二代莊盛禧正確的金錢觀。莊盛禧至老 K 牌彈簧床任職時，從基層的課員做起，鄭麗華仔細教導營運諸多環節，與收支花費評估等；現在調整自己的重心至「老 K 舒眠文化館」與新桃源樂友合唱團。

07 | 兩代共治 >>
聖暉實業

老臣的阻力變助力，
以「獅子王」的領導哲學帶領公司

在兩代共治、分工合作時，應避免出現雙頭馬車、三頭馬車的狀況。也不應只關注事業發展，而忘卻親情。

「企業第二代接班，第一件事是認識自己，」聖暉實業總經理趙英翔分析，有些企業第二代的個性像「狼王」，接班過程不惜「大幹一場」，不斷地搶奪「地盤」，或慢或快地汰換「老臣」，建立自己的新團隊；有些企業第二代則像「獅子王」，強調兼容並蓄、理性和諧，願意與各派系化敵為友，透過重塑企業文化，強化企業體質、競爭力。

他形容創辦聖暉實業的父親趙永壽，是「從地獄回來的男人」，但趙英翔的「獅子王」之路亦不遑多讓，在磨合的過程中曾因過勞而住院、開刀，也曾因憂鬱沮喪被迫請長假半年，並求助心理諮商師尋求相處之道。歷經 10 餘年的血汗教訓，趙英翔深刻體認，自己的目標正是成為「獅子王」。

領悟到了這點，他找到與父親共治的方式，帶領聖暉實業邁
向新紀元。

心中的家還包括工廠

排行老二的趙英翔回憶，自國小起，每個暑假的第一
天，他就得到工廠報到，「幫忙包裝產品」；待年紀稍長，
「工作內容更與一般作業員無異」。基於責任感，他深知「總
有一天得回工廠」，原因至簡，「別人心中的家，就是家庭。
我心中的家，除了家庭，還有工廠」。

在父親的「勸說」下，哥哥選填電子科，趙英翔在中山
大學雙修機械系、企管系，弟弟就讀國貿系。三兄弟中，趙
英翔就業後 2 年，就返回聖暉實業任職，現負責廠務與部分
業務；而在外商服務多年後，哥哥亦於數年前「歸巢」，現
負責聖暉實業國際業務；弟弟則尚未加入聖暉實業體系。

從中山大學畢業後，趙英翔考入清華大學工業工程研究
所。取得碩士學位後，他應徵進中華汽車，在零件品保課擔
任品保工程師，「我把中華汽車當『中華大學』，努力吸收
各種技術、管理知識。」他不僅廣泛涉獵鈑金、橡塑膠、機
械加工各領域專業知識，還詳讀中華汽車的 ISO 手冊，為

日後管理聖暉實業，奠定雄厚基礎。

聖暉實業主力業務為光電元件、電子零件、電腦周邊零件的模具設計與製造，與機構沖壓件設計、製造。2006年，趙英翔回歸後，決定「先蹲現場」，學習開模、沖壓技術，並運用工業工程碩士班所學，著手整理沖壓現場、品保作業，並撰寫聖暉實業的 ISO 手冊，領先同業率先導入 IECQ QC080000 有害物質流程管理系統認證。

跨入少量多樣求生存

「當時，聖暉實業不僅大多數人對 ISO 毫無概念，還存在許多光怪陸離的事情。」趙英翔苦笑地說，與「家大業大」的中華汽車相較，聖暉實業僅是小企業，ISO 手冊簡略甚多，但撰寫過程卻無比艱辛，「我得蹲在每一個主管旁，詢問、記錄他的作業流程，之後還與他們再三確認。」

2008年，國際金融海嘯席捲全球，聖暉實業業績直墜，員工縮編至30餘人，猶如走在十字路口般地驚惶，遂計劃跟隨大客戶的腳步，前往越南設廠。不幸的是，聖暉實業在越南買地、建廠、購置機器後，才發現「大客戶自身難保，根本養不起我們」，加上人生地不熟、拓展新客戶不易，「不

會從零開始,而是從負數開始」,故壯士斷腕,毅然賣廠、賣地,專心留在台灣發展。

經趙永壽、趙英翔父子商議,聖暉實業跨入少量多樣領域,將服務同時向前、往後延伸,「這是唯一活路」。在趙英翔方方面面事必躬親下,終將聖暉實業從「傳統的鐵工廠」,再造為符合國際管理、環保規範的現代化企業。如今,聖暉實業主力產品已轉為工業電腦零組件,以系統廠為主要客戶,最大客戶為工業電腦巨擘研華科技,員工數成長至約100人。

「如果未能改變管理流程,我們早就『死了』。」趙英翔直言,「我回來時,懷抱著滿腔熱誠,不免與『老臣』意見不合」,而他堅持建立制度,便遭「習慣想怎麼做、就怎麼做」的「老臣」抵制,但無論產品製造、客戶服務、生產管理,「若有人自作主張,必定『出包』,屢試不爽!」

員工遇麻煩絕不推辭

在多次「出包」後,眾「老臣」才信服制度的穩定性、優越性,不再自行其是。趙英翔剴切地說,企業第二代要當「獅子王」,最佳策略應是「贏得合作」,「當員工遇到麻

煩時，絕不推辭，盡己所能的幫忙」，且不能偶一為之，「還
要為他們保留顏面」，才能讓員工信服。

　　歷經多次失敗的他發現，與長輩共事的祕訣，在於「與
其討論什麼可以做，還不如討論什麼是『地雷』，絕對不可
碰。」趙英翔舉例，企業第一代若「尚未準備好」，或認為
企業第二代還不成熟，就不會讓企業第二代接管財務，企業
第二代若「硬要踩地雷」，注定「百分之百作白工」。

　　為學習與人溝通、處理人際關係，也為「不讓自己淹沒
在工作的洪流裡」，趙英翔持續參與卡內基（Dale Carnegie
）課程；在卡內基課程，他學會認識自己，揮別挫折、憂鬱，
確認「獅子王」之路。他不僅向聖暉實業員工分享上課心得，
還送「老臣」、父親去上課，認為「他們其實更需要」。

　　花了約莫 5 年的時間，趙英翔靠著「不斷累積成績，爭
取長輩的認同，並帶動長輩學習新知」，才讓眾「老臣」，
從阻力變成助力。但他提醒，與長輩合作，包括企業第一代，
一定得事先詳細溝通，「無法確認 100％內容，至少也得確
認 95％」，才能邁入執行階段，否則必定引發紛爭、內耗。

改革要顧及長輩感受

「兩代的視野不同,企業第二代必須體認,不能只追求長輩的掌聲與肯定。」趙英翔在「不踩地雷」的前提下,針對已取得共識的事項,致力進行改革;縱使如此,改革過程仍相當艱辛,「但要做就得撐到底,否則根本就不要開始」。

趙英翔回憶,他推動聖暉實業取得符合全球有害物質禁用與廢棄、回收法規的 IECQ QC080000 有害物質流程管理系統認證,「長輩其實看不懂」。但後來證明,此認證功效宏大,成為聖暉實業擊敗競爭對手,獲得若干注重環保大企業訂單的關鍵。

「進行內部改革時,要特別顧及長輩的感受,選擇他們可接受的說法。」趙英翔指出,他大舉培訓中階幹部,以求指令可確實下達,但主張此舉旨在「建立代理人制度」,讓長輩可正常、安心休假,成功卸除他們被分權的疑慮,並讓聖暉實業脫離人才斷層危機。

而在卡內基課程同學的引薦下,趙英翔先後加入新北市工業會旗下的企業經營聯誼會與新世代傳承聯誼會。新北市工業會旗下眾組織,企業經營聯誼會歷史最悠久,成員多為企業第一代,甫於 2019 年成立的新世代傳承聯誼會,成員幾乎清一色為企業第二代。

參加二代團體相扶持

在企業經營聯誼會，趙英翔勤勉地向前輩請益經驗；在新世代傳承聯誼會，則與其他企業第二代抱團成長，相扶持互惕勵，「企業經營者朋友愈多愈好」。他不諱言，「我不喜歡 social（社交），也厭惡社團聚會就是吃飯、喝酒」，畢竟「成長都來不及了，哪有時間 social」，而這兩個團體的活動多為共學、參訪、主題演講，正符合他的志趣。

「會參加新世代傳承聯誼會的企業第二代，都不會是紈褲子弟，成員的目標都是撐起家業。」趙英翔慧點地說，「本以為自己遭遇最慘」，經過幾番交流，才發現在接班的過程中「有人更加慘烈」，心中原有的怨氣消散不少，「企業第二代唯有在裡頭找到擅長又快樂的事，才能認命地走下去」。

回首來時路，趙英翔認為，企業第二代最困難的挑戰，仍是如何維繫親子關係。他建議，「在心理上，要與企業第一代劃清界限，不要被感情綁架」，在兩代共治、分工合作時，應避免出現雙頭馬車、三頭馬車的狀況。但兩代不應只關注事業發展，而忘卻親情，「傳承的原點本是愛」。

聖暉實業小檔案：

創立：1978 年

董事長：趙永壽

總經理：趙英翔

產業別：鈑金加工業／電子零組件

地點：新北市三峽區

人才優化心法：第二代趙英翔回歸後，決定「先蹲現場」，再運用工業工程知識，著手整理沖壓現場、品保作業，並撰寫聖暉實業的 ISO 手冊。為學習與人溝通、處理人際關係，他持續參與卡內基課程，並送父親、資深主管前去上課；還參加新北市工業會旗下的企業經營聯誼會與新世代傳承聯誼會。於前者，他向前輩請益經驗；在後者，則與其他企業第二代抱團成長，相扶持互惕勵。

08 | 化解改革阻力 >> 芳晟機電

從想「離家出走」到大刀闊斧，
創出自我品牌 Proril

芳晟機電專攻少量多樣領域，「別人在乎數據，我們在乎價值」，透過經銷商經略全球市場，主要客戶為亞洲、歐洲、北美洲的企業。

　　有些企業第一代精密規畫企業第二代的養成步驟、時程，有些企業第一代卻給予兒女寬廣的揮灑空間，期待「無招勝有招」，激發兒女的創意、鬥志。然而，芳晟機電副總經理吳世敦直到返家數年後，才體會父親「無為」的用心，翻轉待人、作事的態度，並自創品牌 Proril，帶領企業邁向新時代。

　　芳晟機電始業於 1979 年，由吳芳謀、吳王麗珠夫婦共同創立，兩人現分別擔任總經理、董事長；早年，僅是家庭式的代工廠，主力產品為沉水泵浦，之後陸續擴增馬達、泵浦、齒輪、減速機等產品品項。吳芳謀夫婦育有一對子女，

現皆任職於芳晟機電，長女吳玉婷擔任財務經理，兒子吳世敦先擔任總經理特助，2016 年時升任副總經理。

南歸初期頗難適應

「我從小就在工廠中長大，深知箇中辛苦。」吳世敦回憶道，他原本對機械並無濃厚興趣，加上父親曾說「你長大後，做什麼都可以」，因此在高中畢業後，選讀樹德科技大學國際企業系，「我想，只要不讀機械，就不關我的事了！」

自國小起，吳世敦就憧憬到台北市就業、生活，離開大學校園後，終可如願以償；他應徵進一家廣告公司，職稱為 AE（account executive，業務執行），負責廣告案的實際執行。在以繁忙著稱的廣告業，幾乎天天都得加班，熬夜工作也是家常便飯，但他安之若素。

「無論是平面、電視廣告，都有合約規範的上架時間，延誤不得。」吳世敦舉例，上架時間若在 2 個月後，AE 就得縝密安排執行流程，「並保留 1 到 2 次的修改機會」，如果時間管理不當，就可能「開天窗」，「廣告公司通常不太管人，AE 得自動自發，AE 的經驗、訓練，讓我受益良多。」

於廣告公司任職 1 年多後，姊姊不斷致電吳世敦：「爸

爸要你回家」；經過約 2 個月的長思，他決定辭職南歸。芳
晟機電廠址位於高雄市大社區，周遭都是農村；剛結束「北
漂」生活的他，非常不適應，「連買杯咖啡，都得跋涉到楠
梓區」。

工作之餘研修管理課程

　　沒想到，吳世敦「回歸」芳晟機電後，吳芳謀並未安排
他任何職務、工作；且因他是老闆的兒子，「也沒人敢交辦
我任何業務。」吳世敦深感困惑，「多數企業第一代交班計
畫嚴謹，企業第二代總先待生產線，再接手業務」，為此他
與父親爭吵過數次，甚至不願回家吃晚餐，「避免發生衝
突」，還屢屢於上班時間駕車外出，「不想讓其他人發現，
在工廠中，有一個人完全沒事做」。

　　「那時，我還很年輕，臉皮很薄，也不好意思請教同
事，只好躲起來。」吳世敦靦腆地說，之後為了打發時間，
他開始清理工廠，歸納、分類各式工具，「讓我覺得有一點
貢獻」，工作之餘則到不同機構，持續研習管理課程。

　　「管理課程上得愈多，就愈感自家企業有待整頓。」吳
世敦建議父親進行改革，父親答道：「若想改革，你就去

做」，讓吳世敦備感沮喪，兩代衝突有增無減。他自覺孤立
無援，對「被綁在家裡」甚為無奈，腦中常縈繞著，「我想
變好，也想讓大家變好，為何沒人認同我」，不時有「離家
出走」的念頭，「若干企業第二代皆有此感受」。

縱然沮喪，但吳世敦深刻體悟，「如果你不動，不會有
人從背後推你」，於是著手推動改革。他堅持建立芳晟機電
的輪調制度，並親自增刪教育訓練內容；但大刀闊斧改革，
卻沒獲得支持、掌聲，反而造成巨大的衝突，甚至還有已任
職 10 餘年的資深經理自請離職。

轉念之後海闊天空

一直到吳世敦返回芳晟機電 5 年後，年屆 31 歲時，在
聆聽一個課程後，他才發現自己昔日的盲點，「不是改革本
身錯誤，而是我待人的方式不對」。從此，他徹底改變待人、
處世的角度，終可與父親、員工融洽相處，化解改革的阻力，
帶領芳晟機電逐步蛻變。

「管理重點不在管，而是突破員工的心防。」吳世敦解
釋，企業第二代若要發動改革、轉型，成敗關鍵不在於技巧、
方法，而在於「你如何對待他人」，阻力常非他人不接受，

而是尚未理解，「如果還不懂，不能硬逼他人接受」。

　　聽過這堂課後，吳世敦停掉所有研習課程，「學習是為了應用，應用後再視情況修正，否則學習便毫無意義。」接著，他開始執行芳晟機電的轉型、升級計畫，並不厭其煩地向員工解說、釋疑，並堅信「企業成長來自於人，只要讓員工成長，企業必然隨之成長。」

　　他感嘆地說，小型企業「人難於事」，因薪資與福利不及中、大企業，無法吸引頂尖人才，不僅難以汰除若干資深員工，也較難建立完整的制度，故很難傳承給專業經理人，「專業經理人擅長處理事，卻無法處理糾結的人情世故」。

籌備 4 年自創品牌

　　「以前不去做，是害怕承擔，害怕把公司搞砸」，吳世敦轉念一想，因為姊姊無意接班，「我若不承擔，20 年後，待雙親更加老邁，芳晟機電必然得收起來。我來接班，最差的結果，也不過如此」，便不再躊躇不前。

　　吳世敦的改革策略，先統整芳晟機電的產品品項，將性質相近的產品去蕪存菁，「每件被捨棄的產品，也都是心血結晶，仍會不捨」；再重新設計、包裝產品，還延請專業攝

影師，為產品拍攝形象產品，並花了約 4 年的時間，發展自主品牌，以降低對貿易商的高度依賴。

　　早年，芳晟機電僅是純粹的製造商，「連業務單位也沒有，毫無自行接單的經驗」，產品銷售皆委託一家貿易商，貼牌率 100%。吳世敦爽朗地說，「因為不知道如何發展品牌，只好早一點準備，以時間換取空間」，自主品牌比例逐步提高，現已約占 50%。

　　為何要發展自主品牌？吳世敦直言，長期倚賴一家貿易商，「芳晟機電與市場的距離，愈來愈遙遠」，縱使想開發新產品，根本沒有市場數據可參照，「其實相當危險」。令人欣慰的是，當芳晟機電推出 Proril 產品後，舊雨新知相繼叩門，並讓年業績穩定成長約 5%。

簡單之事做到極致

　　自創品牌後，芳晟機電藉參與國際展覽拓展客源。吳世敦透露，「必須站在消費者的角度，整理產品資訊」，芳晟機電海報、手冊編印皆比照國際級品牌，但光是這一點，「就是許多中小企業跨不過的巨大門檻」。芳晟機電成功跨足國際市場，原因即在於「把簡單的事情做到極致」。

　　目前，因「大量性產品過於競爭」，芳晟機電專攻少量
多樣領域，「別人在乎數據，我們在乎價值」，透過經銷商
經略全球市場，主要客戶為亞洲、歐洲、北美洲的企業。吳
世敦謙稱，芳晟機電仍在紮根階段，「我們以竹子自詡，竹
子冒芽後，頭 4 年都在紮根，枝葉成長緩慢，但之後增高速
度驚人。」

　　「慢慢來、比較快」，吳世敦認為，企業成長不必急躁，
「若一味求快，必定會遺漏許多重要的基礎建設，反而比較
慢」。他透露，在可見的未來，芳晟機電除了將興建新廠房，
也將帶著設計師、工程師，直接訪談客戶，瞭解實際需求，
「這很花錢、很花時間，卻是正確的事！」

　　在吳世敦勵精圖治下，芳晟機電雖地處偏遠，卻可吸引
四方俊彥，現有新加坡、馬來西亞、尼加拉瓜籍員工，還有
曾旅居馬拉威的台僑。他揭櫫選才原則，「特質第一、能力
第二」，而芳晟機電可留才的主因，「願意給員工犯錯機
會」，畢竟「我自己都犯過許多錯。」

　　如今，吳芳謀已將芳晟機電的經營實權，交付給吳世
敦，自己如閒雲野鶴，天天泡茶、打球，工作只剩下「抵擋
人情壓力」。吳世敦語重心長地說，大多數企業第二代接班，
「起心、動念都是為了感謝、孝順父母，對家庭有所貢獻」，

希望企業第一代們「可看到這一點」，給予兒女更多包容、
體諒。

芳晟機電小檔案：

創立：1979 年

董事長暨創辦人：吳王麗珠

總經理暨創辦人：吳芳謀

副總經理：吳世敦

產業別：機械

地點：高雄市大社區

人才優化心法：芳晟機電第二代吳世敦返家後，工作之餘積極研習管理課程，在一堂教育課程後，他徹底改變待人、處世的態度，並帶領企業強化體質、自創品牌。吳世敦用人，「特質第一、能力第二」，並給予犯錯空間，故芳晟機電吸引各國人才任職，業績穩定成長。

09 | 先傳才有承 >>
太平洋自行車

磨練 15 年才接班，
研發、設計、行銷全面數位化

傳承，得先有傳，才有承。傳是第一代的責任，承是第二代的責任。第一代傳下去後，第二代自會因應時代，進行變革。

　　中小企業傳承問題之嚴峻，早已是台灣「國安級」的危機；危機就是商機，以企業第二代為主力客群的二代大學等課程，亦應運而生。但太平洋自行車創辦人暨董事長林正義提醒，「其實，企業第一代更需要教育」，「應該有人告訴他們，他們已趕不上時代，唯有趕快找到接班人，企業才能轉型、升級。」

　　成立於 1980 年的太平洋自行車，現專門生產特殊規格的折疊自行車，雖從不追趕產業流行趨勢，但憑藉卓越的設計、製造能力，深耕小眾市場，仍可持盈保泰、屹立不搖。林正義雖仍保有董事長職銜，但自 2012 年起，太平洋自行車營運已由兒子、總經理林鳴皋一肩擔起，業務、財務則由林正義 2 個女兒分別負責。

退出第一線後「不當太上皇」

「我並未刻意培養兒女接班，但他們不僅是專業人士，更是最佳接班人選。」林正義嚴肅地說，太平洋自行車是股份有限公司，他雖是大股東，但一切遵照現行法規運行，「科技日新月異、一直推陳出新，我已經學不動了」，唯傳承方能讓企業永續經營，「傳承，得先有傳，才有承。傳是第一代的責任，承是第二代的責任。第一代傳下去後，第二代自會因應時代，進行變革。」

林正義觀察周遭的企業第一代友人，大多已將企業經營權傳予第二代，但「普遍狀況不佳」，足見傳承之艱辛；還有企業第一代認定第二代不適合接班，縱使第二代已進入企業任職，仍毅然出售企業。

「物聯網、工業 4.0、AI 等浪潮相繼襲來，企業淘汰速度加劇，企業第一代實無能力因應。」林正義略帶無奈地說，企業用電腦系統愈來愈複雜，甚至年年改版，「第一代無法習慣，第二代卻習以為常」，企業第一代唯有慎選接班人，由接班人帶領企業轉型、升級，否則很容易淪為科技潮流的波臣。

1997 年，林鳴皋返回太平洋自行車任職，先後到不同部門學習；2000 年，升任總經理。經過長達 15 年的歷練，

林正義才完全放心，對林鳴皋說「從現在開始，你當家」，就此退出第一線，且「不當太上皇」，「兒子接班後，表現得比我還好，做了許多我做不到的事。」

交班後不再開會、發言、會客

然而，林鳴皋雖自幼耳濡目染，對太平洋自行車市場定位、營運模式並不陌生；但從美國留學返台後，初期對企業營運的觀念，與父親差異甚大，兩人常起衝突。接班前長達 15 年的磨練，終於讓父子倆的觀念趨於一致，也讓林鳴皋與高階、資深主管溝通無礙。

「我兒子大學時主修企管，回來後約莫 2 個星期，就提出營運改善建議。」林正義直言，林鳴皋雖立意良善，但當時他的實務經驗過少，「如果採用他的提案，員工大概全部跑光了」，因此駁回該提案。

即使在林鳴皋擔任總經理後，林正義坦承，「頭幾年，太平洋自行車的營運方針，仍以我的意見為主」；但隨著林鳴皋實務經驗不斷累積，「意見的分量愈來愈重」，到了交班前幾年，「我幾乎全盤接受他的意見。」而在交班後，林正義不再過問營運事宜，每天拔草、種花，「完全放權，是

企業第一代的最大難題。」

　　「交班後，我不再參加公司會議，要求各部門主管找我
兒子，而非找我；唯一的例外，是每年以股東身分，參加股
東會議，但也只看業績報表。」林正義略帶驕傲地說，「與
企業營運相關的所有事務，都由他負責」，「他的決策，我
都看在眼底，但從未發言，私下也不討論、議論」，更立下
規矩，「除非訪客指名找我，否則我不會客。」

第一代從無法理解到認同讚許

　　林鳴皋掌舵後，完全顛覆既有的營運模式，不斷添購新
設備、新電腦，增聘新員工，並新建咖啡廳、博物館、總部
大樓。林正義加重語氣說，「一開始，他不斷地花錢，我也
很難接受」，但「選擇他接班，就要接受他顛覆」，也透露
若干企業第一代，「名義上已交棒，實際上卻還在管帳，甚
至無事不管，第二代、經理人都是 yes man。」

　　最讓林正義無法理解的決策，當是太平洋自行車產品多
數外銷，內銷業務 1 人即可勝任，但林鳴皋卻聘僱了 5 個人。
然而，「多餘的 4 個人」製作企業介紹影片、持續舉辦自行
車體驗活動，讓太平洋自行車的名號更為響亮，行銷如虎添

翼。而咖啡廳、博物館、新總部大樓產生的效益，也超乎林正義的預期。

在林鳴皋主導下，太平洋自行車已完成研發、設計、行銷的數位化，維持強大的競爭力。林正義驕傲地說，太平洋自行車現已採用 ERP（Enterprise Resource Planning，企業資源規劃）、PLM（Product Lifecycle Management，產品生命週期管理）系統，與精密、複雜的電腦繪圖系統，資料庫透過雲端與客戶共享，已走在自行車產業的最前端，多年來獲無數，還創下台灣首家拿到 iF（產品設計國際大獎）金獎的廠商。

對林鳴皋的諸多作為，林正義從不解到理解、認同；林正義更讚許林鳴皋，「現在所做的，都是為了儲備企業 5 年後、10 年後的競爭力」。但林鳴皋接班，有顛覆亦有沿襲；他遵循父親「我自求我道」的營運風格，縱使電動自行車、碳纖維自行車風靡全球自行車產業，亦相信「潮流很快就過去」，心無旁鶩、不為所動。

向不留才但眾多俊材慕名而來

全球自行車年需求量約 1 億 3 千萬台，但單是中國的年

生產量能就超過 2 億台，自行車產業早已駛入供過於求的紅海市場。堅持不生產規格化產品的太平洋自行車，完全不受自行車產業潮起潮落的影響；其他自行車企業的員工，可能只負責鎖同一根螺絲，但太平洋自行車員工每天的工作內容皆不同，能力遠超過同業。

林正義自豪地說，40 年來，太平洋自行車沒有固定制度、標準作業程序（Standard Operation Procedure, SOP），但各部門默契深厚，依然可順暢運作，「其他企業制度、策略都大同小異，因為主事者皆受同一套教育。」他更肯定地說，他參訪過歐、美、日多家製造業大廠，「有固定制度必定僵化，人人為配合制度而造假。」

與其他企業相較，太平洋自行車堪稱獨樹一幟；沒有QC（quality control，品質管理）、KPI 等制度，不獎勵快速、不訂每月目標、不計算個人績效，牆上未貼標語，員工亦不必撰寫報告。除了裝配線員工，其他員工並無固定上班時間，可選擇早上 8 點到 10 點間彈性進公司，工廠遭遇技術問題，可能就停工 1 星期。

太平洋自行車向不留才，員工「合則留，不合則去」，卻持續有眾多俊材慕名而來；研發部門曾聘僱台大機械所博士、留德機械博士，與約 50 名外籍工程師；熱愛旅遊的台

大機械所博士、留德機械博士離職後,皆自行開設工作室,
而太平洋自行車則將部分設計業務,轉包給這兩家工作室,
繼續維持合作關係,達成雙贏。

員工從實作、從跨部門會議學

「嚴格地說,太平洋自行車並無制式的內部訓練,只讓
他們從實作中學、從跨部門會議中學,自己尋求突破。」林
正義微笑地說,在特殊規格的自行車領域,太平洋自行車已
是全球的領頭羊,「員工只有出外教學,沒有地方可受訓」,
故無外訓,「最困難的,不是技術,而是創意;而創意無從
訓練起,只能靠領悟。太平洋自行車的研發單位,命名為
zero section,即指創意得從 0 開始!」

「也因為如此,許多太平洋自行車員工離職後,到其他
企業任職,始終無法適應。」林正義強調,太平洋自行車待
員工如家人,有些員工「非常死忠」,從開業起任職至今,
「甚至退休後再回任」,「整個公司就像一個大家庭」,但
技術卻可不斷精進,穩坐特製自行車王者、領航者的寶座。

太平洋自行車小檔案：

創立：1980 年

創辦人暨董事長：林正義

總經理：林鳴皋

產業別：自行車

地點：桃園市新屋區

人才優化心法：第二代林鳴皋歷經 15 年的磨練，終獲第一代林正義完全信任、放權；林鳴皋掌舵後，大刀闊斧進行改革，不僅讓太平洋自行車與時俱進、展現新風貌，並保有強大的競爭力。太平洋自行車向不留才，卻持續有眾多俊材慕名而來，他們從實做中學、從跨部門會議中學，仍可習得領先同業的技術。

10 | 走一條人少的路 >>
世堡紡織

傳承父志，
高價特殊布料異軍突起

為「在夾縫中求生存」，世堡紡織鎖定高價特殊布料，盡量與「快速時尚」保持距離，專攻國際客戶。

在 2014 年、2018 年兩屆世界盃足球賽，以寶特瓶為原料的環保塑料衣大出風頭，再次擦亮台灣製的招牌；更有外國媒體盛讚：「台灣贏得了世界盃足球賽冠軍，但不是在足球場上，而是在球員更衣室內」。但掀起台灣環保塑料衣浪潮的世堡紡織，領先紡織業的創舉，不僅於此。

創立於 1975 年的世堡紡織，不僅是台灣紡織業的異數、傳奇，更堪稱「藍海企業」的典範；30 多年前，進軍加工繁複的音箱喇叭用布，之後又開發可在黑暗中透出閃光的夜光布，為迪士尼樂園夜間遊行服裝的布料。而 1997 年台灣各縣市的「垃圾大戰」，更啟發世堡紡織創辦人暨董事長羅忠祐首創環保塑料衣。

姊弟根據專長、個性分工

羅忠祐的大兒子、已於 2013 年接手世堡紡織總經理的羅孝威說明，在音箱喇叭用布、夜光布等領域，世堡紡織雖首開風氣之先，但隨音響工業式微，這些產品單價雖高，需求卻不高。目前，世堡紡織的主力產品為嬰兒車用布、兒童安全座椅用布，與汽車椅墊布、衣櫥用布、馬匹護具等，也生產布料銷往美國，客戶多為製造社團、啦啦隊服裝的成衣業者。

「在爸爸多年的暗示、明示下，我當完兵後別無二想，馬上就回到世堡紡織任職。」羅孝威解釋，當時姊姊羅曉寧已在其他企業任職，弟弟年紀尚幼，所以爸爸要他「沒事就回來」；而他也從沒有職銜的員工幹起，一路晉升經理、廠長、總經理。

數年前，羅曉寧返回世堡紡織，現擔任副總經理。當下，姊弟「根據專長、個性分工」，羅孝威負責廠務、系統管理與產品研發，羅曉寧主管業務、財務，進入兩代共治階段；羅孝威的姑姑、叔叔，雖都是世堡紡織的股東，但他們的子女並未任職於此。

在世堡紡織任職初期，從真理大學資訊系畢業的羅孝威

身兼總務、快遞，與 MIS 工程師，實與打雜無異。不久後，他除了分攤部分總務庶務，專事管理資訊系統、原物料採購等事宜，「幸好，學生時代的暑假，我都在工廠內打工，對世堡紡織的運作情形並不陌生。」

鎖定特殊布料並積極參展

「我是長子，從小就被父親不斷灌輸『要接班』。」羅孝威觀察，在台灣的紡織業中，大企業多由兒子繼承，規模如世堡紡織般的中小企業，女兒接班反倒是主流，兒子多半自行創業，他反而是少數「回家」的男性企業第二代。

羅孝威略帶無奈地說，在中國、東南亞國家紡織業崛起後，「台灣紡織業經營就愈來愈辛苦」，世堡紡織亦不斷調整產品、策略。為「在夾縫中求生存」，世堡紡織鎖定高價特殊布料，盡量與「快速時尚」（fast fashion）保持距離，專攻國際客戶，「快速時尚如 ZARA、UNIQLO 等國際級品牌，需求量雖龐大，但時尚更迭速度實在太快，根本追趕不及。」

其實，如世堡紡織等中小紡織廠，因無法獨立完成從原料、設計、打板到成品的「一條龍」作業，「快速時尚」品牌巨擘「根本瞧不上眼」。羅忠祐、羅孝威父子另闢蹊徑，

鎖定嬰兒車用布等特殊布料，終於找到世堡紡織的定位與生存之道，「並透過參加國際嬰兒車展等會展，擺攤展示布料，以拓展新客戶。」

羅孝威接手總經理後，世堡紡織仍積極參與各項國際級專業展覽。他加重語氣說，「布料一如髮型，有時平面設計圖亮麗奪目，但專業人士如我一看，就知道若製成成品，可能大為走樣，或會讓消費者感覺不舒服」，參展才能向潛在客戶詳細解說，降低交易摩擦。

拒絕客戶自相矛盾的要求

「世堡紡織還曾參加於美國拉斯維加斯舉辦的消費電子展（Consumer Electronics Show, CES），因為還是有許多電子產品仍使用布料。」羅孝威微笑地說，與其他紡織企業相較，世堡紡織較少參加國際布展、成衣展，但因特殊布料利潤高出一般布料甚多，卻也走出自己的康莊大道。

然而，特殊布料之路並不平坦，客戶的要求無奇不有，在在考驗世堡紡織的研發能力。不同國家客戶的要求，亦各有特色；歐洲客戶在乎有毒染料殘留比例，日本客戶厭惡螢光劑，英國客戶希望布料防火。但「客戶不一定是對的」，

羅孝威直言不諱，「做不到的，我就會回絕」，「有些客戶要求產品色彩鮮艷，又要求不使用有毒染料，根本自相矛盾」。

世堡紡織現仍維持競爭力，羅孝威更新資訊設備的硬體、軟體，實功不可沒。他感嘆地說，紡織業與電子業大不相同，無法直接購置套裝資訊系統，「雖同屬紡織業，布商、紗商、成衣商的運作模式，也差距甚遠」；因此，在更新資訊設備後，還得根據世堡紡織實際運作情形，持續進行調整，才能發揮效益。

除此，為因應產業自動化、機械化潮流，與勞動成本不斷提高，羅孝威更致力改善產品製程；故世堡紡織人力雖少於往昔，生產力卻不減反增。他直言，世堡紡織規模不大，組織相當扁平，「與主管、員工之間，未曾溝通不良」；與父親討論公事時，一直謹守「他罵人、我不頂嘴」的分際，衝突亦無從孳生。

廠務、財務已由姊弟主導

「父親交辦的事項，我只求完成目標，不會花時間與他爭辯他指示的流程是否合理。」羅孝威語氣婉轉地說，父親

指示的流程若不合理，或「根本行不通」，「我不會照做」，會循合理、可行的流程執行，「達成目標後，父親就不會在乎流程！」

如今，世堡紡織的廠務、財務，皆由羅曉寧、羅孝威姊弟主導，羅忠祐僅負責最後審核、簽核；羅孝威感謝地說，「舉凡設備採購，父親未曾有異議。」兩代唯一意見相左之處，在於是否投資染整廠；羅孝威力主投資染整廠，以利一貫作業，「比較能控制染整時程」，但羅忠祐認為投資金額過大，迄今尚未首肯。

對父親的猶豫，羅孝威雖不認同，但可理解，故不強力爭取。原來，在多年前，羅忠祐曾遠赴重洋，前往印度洋島國模里西斯（Mauritius）創辦紡織廠，但囿限地理的距離，管理鞭長莫及，經營成效不若預期而撤資，日後也對金額較高的投資案，存有高度戒心。

紡織業屬勞力密集產業，世堡紡織現約 60 多名員工，就包括 10 多名外籍移工；愈來愈多紡織企業，將生產線移往海外，早年多遷至中國，現相繼轉戰越南，還有些業者到非洲設廠。羅孝威延續羅忠祐「根留台灣」政策，尚無外移計畫，「父親主張，若要外移，就得常駐該地，全心全意經營。如果 1 年只停留 2、3 個月，注定以失敗收場。」

長期與專業單位合作外訓

「父親有強烈的使命感，強調台灣一定要保有自主的紡織業，不可斷絕。」羅孝威形容年近 80 歲的父親，依然精力旺盛、鬥志飽滿，現身兼產業用紡織品協會、中華民國自創品牌協會 2 個協會的理事長，還擘劃世堡紡織自創品牌、生產終端產品的願景，「必定困難重重，我只能盡力協助他！」

雖然員工數不甚多，但世堡紡織並未忘卻員工訓練，長期與紡織綜合研究所、財團法人中華民國紡織業拓展會 2 個專業機構合作，派遣員工前往上課，全部費用皆由世堡紡織支應。

除擔任桃園幼獅產業發展協進會理事長，羅孝威還參加一個企業第二代組織的社群，「成員約 10 多人，清一色是低調的企業第二代」，彼此透過 Line 群組交流企業策略、產業訊息，期待讓自家企業更強健。

世堡紡織小檔案：

創立：1975 年

創辦人暨董事長：羅忠祐

總經理：羅孝威

產業別：紡織

地點：台北市中山區

人才優化心法：在父親、同時是創辦人暨董事長的羅忠祐要求下，羅孝威退伍即至世堡紡織任職，從打雜無頭銜的員工，拾階晉升至總經理。羅孝威延續羅忠祐根留台灣、專攻特殊布料的策略；並與企業第二代組織網路群組，相互交流企業策略、產業訊息。世堡紡織長期與紡拓會、紡織綜合研究所等專業機構合作，派遣員工前往上課，相關費用一律由公司支應。

11 | 傳統產業也有藍海 >>
東南銘版

導入自動化、數位化，
第二代以醫學專業來改革

電子產品日新月異，生命周期愈來愈短，產品油墨的比例也不斷調整，老師傅的經驗與直覺，愈來愈無用武之地。

　　寧為雞首，不為牛後。在可見的未來，台灣受薪階級的低薪結構仍難以撼搖，但逾 70% 的中小企業卻苦於無人傳承，難以為繼；許多中小企業經營者，都曾如東南銘版創辦人吳慶德、周秀滿夫妻般建議兒女，「回來接班，只要肯努力，一定強過當上班族！」

　　吳家育有 2 男 1 女，女兒在竹科企業上班，二兒子從就讀大學時，就已在東南銘版半工半讀，現專責廠務。在吳慶德的理性分析與溫情呼喚下，畢業於台北醫學大學的大兒子吳沂霆，決定繼承家業；在熱衷學習電腦軟體技術的吳沂霆主導下，東南銘版得以製程自動化、管理數位化，企業體質脫胎換骨，得以永續經營。

幾經起落且屹立不搖

　　吳慶德、周秀滿白手起家的歷程，正是多數台灣中小企業第一代創業的寫照。國中畢業後從雲林縣北上奮鬥的吳慶德，與周秀滿是三重商工補校的同學。白天，吳慶德在宏碁的協力廠商當學徒，「當時，草創階段宏碁的外觀件」即由該協力廠商生產，產品即是銘版。

　　退伍後，吳慶德向友人借貸，頂下一家將歇業的銘版廠，創立東南銘版。甫新婚的他，因阮囊羞澀、無力「打廣告」，只能從電話簿公司行號名單中，「挖掘」潛在客戶，逐一寄送傳單；創業的頭一個月，僅有 1 筆訂單，生意相當慘澹，之後靠著幫西陵電子、幸福牌音響代工變壓器，維持生計。

　　創業後，吳慶德不忘進修，仍勉力完成台北工專（現已改制為台北科技大學）夜間部的學業。畢業後，因工專同學先後進入各電子大廠任職，陸續介紹訂單，讓東南銘版逐漸立穩腳跟；進入 20 世紀 90 年代後，因躬逢手機、網路狂潮，東南銘版轉攻路由器等產品，業績大幅躍升，客戶包括友訊、中磊、普萊德等大廠。

　　近年來，隨著產業結構變化，東南銘版的主力客戶，已

轉為中國電競廠商，現約 30% 訂單來自中國，主要產品為
記憶體散熱片等零組件。而在美國、中國貿易戰開打後，愈
來愈多台灣、美國電子廠轉單至台灣，東南銘版也跟著受
惠，業績再度走揚。

接班收入比上班優渥

除了原本的銘版廠，東南銘版最近還併購了一家印刷
廠。吳慶德感嘆地說，他所併購的印刷廠，並非業績、獲利
不佳而求售，而是第二代不願接班，第一代已無心、無力繼
續撐持，「若非我大兒子願意返家接班，否則再過幾年，東
南銘版也得歇業。」

在吳沂霆到東南銘版任職前，父子間曾有一番深談。吳
慶德分析，「在施行全民健保後，縱使是醫學系畢業生，月
薪頂多 9 萬元，且增加速度緩慢」，若吳沂霆承繼家業，「總
收入一定有過之而無不及」。目前，吳沂霆雖仍領固定薪資；
「薪資雖不高，但加上業務獎金」，仍較一般上班族優渥。

不過，即使自幼幫忙產品包裝等庶務，但納編為東南銘
版正式員工後，吳沂霆仍得一切從頭學起。初期，遵循吳慶
德的規劃，吳沂霆一邊在巨匠電腦補習，充實資訊科技軟、

硬體知識與技術，一邊在東南銘版工廠內學習製程；待吳沂霆熟稔所有製程，吳慶德才放手讓他接觸業務，現更升他為業務主任。

「業務是企業的命脈。如果未經紮實訓練，就讓他接觸客戶，很難獲得客戶的信賴。」吳慶德苦笑地說，業務人員一定得精熟製程，否則當客戶提出質疑，不是一問三不知，或不斷地說，「對不起，我打電話回公司問一下」，縱使是「老闆的兒子」，或是「穿得漂漂亮亮的國貿系畢業生」，同樣都會折損企業商譽。

建立產品配色資料庫

「最近，因為他業務能力已可獨當一面，我正在教導他如何報價。」吳慶德強調，東南銘版屬製造業，成本、利潤計算模式，複雜度遠高於買賣業者，「當然，東南銘版有獨門的報價公式」，「目前，他在報價前，我仍負責把關，等到他可精準計算盈虧時，再由他全權負責。」

吳慶德、吳沂霆異口同聲地說，「傳承過程，真的很累！」而在學習製程諸環節時，吳沂霆也同時思索改善之道；例如，他發現，東南銘版產品若遭退貨，大多是顏色誤差，

原因在於，「先前，師傅們在調色時，僅憑經驗與直覺」，讓受過醫學院嚴謹科學實驗訓練的他，深感不可思議。

吳慶德解釋，東南銘版從事鋁板印刷，配色皆為特殊色，技術層次超越 4 色印刷的紙本印刷甚多，加上電子產品的終端市場，主要為歐美國家，環保法規益發謹嚴，要求電子產品製程無鉛、無毒，「東南銘版產品，早已符合最高規格的法令。然而，東南銘版一視同仁，即使是中國廠商的訂單，仍不會降低環保標準；所以，中國客戶寧捨近求遠，迄今仍不離不棄。」

周春滿補充道，因電子產品日新月異，生命周期愈來愈短，產品油墨的比例也不斷調整，老師傅的經驗與直覺，愈來愈無用武之地。於是，吳沂霆著手建立產品配色資料庫，除了電子資料，還列印成紙本，方便師傅們隨時翻閱，並研擬調色的標準作業流程；因配色資料庫日益完善，產品不良率已顯著下降，現正強化外籍移工的訓練，以期讓不良率降至最低。

員工結構猶如聯合國

銘版產業曾盛極一時，但今日在北台灣，維持常態運作

的銘版廠，現只剩約 6 家，東南銘版為規模最大者；吳慶德研判，在可見的未來，小型銘板廠將陸續關門，僅存東南銘版 1 家。先前，因台灣電子業大舉外移，業績不斷萎縮，現拜電競產業蓬勃發展、美中貿易戰熱度加劇之賜，東南銘版可望迎來「第 2 春」；但受限於員工、新廠土地難覓等障礙，產能短期內難以快速提升。

「當下，東南銘版的員工結構猶如小型的聯合國，有中國、菲律賓籍配偶，也有外籍移工。」吳慶德略帶失落地說，「愈來愈少年輕人，願意投身製造業，銘版廠、印刷廠皆不例外，畢竟多數年輕人，不喜歡手沾油墨，製程自動化、管理數位化，已是沛然莫之能禦的時代潮流。」

但邁向自動化、數位化，卻也常是父子倆的爭執點；習慣使用智慧型手機聯繫客戶的吳沂霆坦承，「我是急性子，常希望在 1 個小時內，可完成 6 件事。有時，父親會擔心我『欲速則不達』，要求我放慢腳步。」

「我考量的是，交件時間若過於緊迫，製程部分環節可能有所疏漏，影響產品品質，於企業有害無益。」吳慶德補充道，除了讓吳沂霆分攤業務，原本主管印刷的二兒子，對製程也已了然於胸，未來也會讓他「跑業務」，「因為我健康狀況不若往昔，希望可加快兒子們接班的速度！」

培養設計、研發人才

　　為躋身時代潮流的「贏家圈」，在吳慶德的鼓勵與鞭策下，吳沂霆參加網商協會，以拓展新人脈與新客戶。如今，此策略成效卓著，父子分別經營不同客戶群，吳慶德持續耕耘舊客戶，吳沂霆的客戶主要來自大學、醫療機構，與網商協會會員引薦的企業。

　　東南銘版的研發、設計人員，幾乎都不到 30 歲，現只有 1 位超過 40 歲。在用心栽培 2 個兒子之際，吳慶德也積極培養設計、研發人才，並與德霖科技大學進行產學合作，以填補世代斷層，強化企業競爭力。

　　「東南銘版不走學術路線，而是走實務路線。」吳慶德奉勸有志投身設計的青年學子，不必一窩蜂鑽進已猶如紅海的服裝設計領域，工業設計亦是康莊大道，不僅前途更為亮麗，且尚是寬廣的藍海，「更有空間、機會施展抱負！」

東南銘版小檔案：

負責人：周秀滿

經理：吳慶德

業務主任：吳沂霆

產業別：電子零組件

地點：新北市三重區

人才優化心法：第二代一邊充實資訊科技軟、硬體知識與技術，一邊在工廠學習製程；待熟悉所有製程後，第一代才放手讓他接觸業務，並鼓勵他參與電商協會，以拓展新人脈與新客戶；當其業務能力已可獨當一面時，再教他如何報價，計算成本、盈虧。東南銘版亦與德霖科技大學進行產學合作，以填補世代斷層，強化企業競爭力。

12 | 翻轉品牌形象 >>
舊振南

以國外觀光客角度深化數位行銷，
往漢餅第一品牌邁進

讓漢餅走入一般人的生活，是消費者看得到的改革，致力強化食品安全、營運數位化，則是他人看不到、但影響深遠的改革。

接班難，「兩代共治」更難。發跡於南台灣，創始於西元 1890 年（清光緒 16 年），已有 130 年歷史的知名漢餅店舊振南，堪稱台灣中小企業「兩代共治」之典範；現由第四代的李雄慶擔任董事長，而第五代的李立元，已從營運長升任總經理，李立元的弟弟負責舊振南工廠管理。在兩代齊心協力打拚下，舊振南版圖持續擴張，現已擁有 19 個據點。

以外國觀光客角度進行改造

「我與弟弟都在加拿大求學，畢業後相繼到美國就業；

我先到廣告公司上班，弟弟應徵進銀行，從未想過接班。」李立元回憶道，2011 年時，他有意轉換職場跑道，目標是進入科技業，父親則勸他回國試試看，「當時，我只想到，如果有在台灣工作的經驗，可讓履歷表更加亮麗，結果，一待就待到今天。」

自幼在餅舖中成長，「在媽媽的號令下，課餘時間，我不是在店鋪中摺紙盒，就是在工廠中，幫師傅們擦烤盤」；縱使留學時期，長年旅居北美洲，但每年暑假都會返台，對舊振南事務並不陌生。他笑著說，暑假回國，正逢漢餅店最忙碌的中秋節檔期，根本無法休假，還是得幫忙。

返回家族企業的頭 2 年，李立元尚處於實習階段，持續跨部門學習舊振南運作情形，並深入廠房瞭解製程，還參與新據點的展店過程，與舊據點的整建事務，「店裡許多師傅，都是看著我長大的；他們大多在 13、14 歲時，就已到舊振南當學徒，年資最久者，已待了 40 多年。」

大學時就讀商學院，又在廣告公司接觸行銷，父親遂將舊振南強化品牌事宜，交付給李立元。久居海外的他不諱言，「一開始，我把自己當成外國觀光客，以外國觀光客的角度，進行舊振南改造工程」，改造方向則是「討喜」，「大多數年輕人對漢餅的刻板印象是，口味油膩、包裝陳舊，只

有老人家才會吃。我要做的，就是翻轉品牌印象。」

家族企業得建立、堅持制度

　　致力將舊振南的宣傳單、網站變得更時尚，為李立元重建企業品牌形象的第一步，「DM、網站不僅是企業的門面，也是改革的起點」。不過，他不仿效其他企業接班人，連祖傳的企業 LOGO 都更新，「舊振南不換 LOGO，但改變產品呈現的方式」，更引進「食物設計」觀念，使用新器皿、新包裝，讓產品煥然一新。

　　幸運的是，在李立元企業品牌再造的過程中，並未感受阻力，更獲得父親的鼎力支持。因為，李雄慶並非一般的漢餅店老闆，而是曾在建築業奮戰多年的幹練企業家，公司治理有其獨到之處，更啟動企業體質換血工程，將舊振南員工平均年齡降至約 33 歲，並在勤業眾信會計師事務所的協助下，建立現代化的企業管理制度，才讓李立元的改革水到渠成。

　　近年來，舊振南藉由與外貿協會等單位合作，挖掘高階人才，資訊部門則就近錄用中山大學、高雄大學等學校的畢業生，並與其他學校建教合作，找尋優秀的工廠員工、行銷人員。

　　「縱使是家族企業，若要永續、穩健經營，仍得建立、堅持制度。」李立元直言，原本有若干親戚在舊振南任職，但因「他們不認同公司的新制度」，只得請他們離職，終於讓管理如臂使指、令行禁止，蛻變為現代化企業，「舊振南雖是百餘年的老品牌，員工平均年齡現已降至約 33 歲，卻又是相當年輕的企業」。

增加可觀的青年世代消費者

　　目前，李立元與品牌總監，共同負責舊振南的品牌行銷、通路經營，弟弟則統籌工廠的生產流程、原物料採購，與供應商稽核、食品安全認證等業務。他亦坦承，父親雖然放權，兩人卻也「吵過不知幾回」，爭執點多是「芝麻綠豆般的小事」，原因不外乎「爸爸覺得我做得不夠細緻，沒達到他的標準」；幸而，「吵久了，彼此也知道如何溝通，比較不會有火氣。」

　　幾位同是企業第二代的友人，善意提醒李立元，「世界上最愛你的人，就是你的爸媽，「這些爭吵，每家公司都有」。如果連他們都說服不了，在商場上，恐怕誰也說服不了！」自此，他努力觀摩、學習父親的言行舉止，連「怎麼

開會都學」，而受益最多的，「則是他在商場上的靈敏度！」

李立元謙稱，「我非常幸運」，剛返回台灣，就趕上電子商務、文化創意產業勃興的浪潮，更讓舊振南的品牌創新，搭上「順風車」，得以趁機擴大規模，業績年成長率約10% 至 15%，增加可觀的青年世代消費者。但他強調，舊振南縱使轉型，「依舊未放棄核心價值」，仍保留濃郁的漢餅底蘊，不會轉賣西式烘焙食品，「歐洲、日本有若干食品品牌，已有數百年歷史，幾乎沒有改變，卻可屹立不搖，而漢餅亦是華人重要的文化資產，不必捨棄！」。

為了爭取青年世代消費者，舊振南不僅更新產品包裝、盛裝器皿，也調整產品品項，「昔日，只有一個 1 斤或 12兩的大餅，有時一看，頓時食慾大減」，現已將單餅重量降至 2 兩，讓禮盒可容納更多元口味的漢餅，包裝接近西式禮餅，但售價不變，愈來愈受青年世代消費者的青睞；「先前，到舊振南門市訂購結婚喜餅的，多是婆婆、媽媽，現多是新人主動來挑選。在都會區效益特別顯明。」

以外國觀光客角度進行改造

李立元豪爽地說，他在舊振南主導的諸多改革，有成功

的，也有失敗的，「如果不勇敢嘗試，就不知是否可行，失去向上提升的機會」。其中，調整產品品項、包裝、盛裝器皿，增加體驗活動，「讓漢餅走入一般人的生活」，是消費者看得到的改革，致力強化食品安全、營運數位化，則是他人看不到、但影響深遠的改革。

「做吃的東西，絕對不可開玩笑。品牌建立、創新，成敗仍取決於產品品質。」李立元指出，舊振南鎖定中、高階客群，「更不能馬虎」，不斷升級廠房設備，但「更讓他頭痛的是」，先前舊振南營運模式仍頗為傳統，「雖有報表，卻見不到大數據分析」，歷史固然悠久，「卻不清楚消費者結構」！

因此，李立元導入 CRM 系統，整理、分析舊振南的消費者，觀察、歸納他們的消費行為，作為制定行銷策略時的依據，並加強數位行銷力道，收效相當宏大。他剛返台時，舊振南僅有約 1 萬 2 千名會員，現會員數已逾 16 萬，成長超過 10 倍。

為了能讓民眾對於漢餅的價值與文化有更深的認識，2016 年打造了「舊振南漢餅文化館」，佔地 4421 平方公尺的空間裡，融合了企業總部、品牌故事館、漢餅房、烘焙廚藝體驗空間、食光書塔等，供民眾參觀、閱讀、手作體驗及

品嚐漢餅，透過五感體驗，享受漢餅的美味及「依節氣、食
當令」的歲食文化的重要性。

　　展望未來，李立元揭櫫舊振南未來 10 年計畫，「也是
舊振南內部的共識」，先擴大在北台灣的市占率，將電商收
益提升至總業績的 10%，再建構海外市場通路，打進全球華
人市場，希望可像鼎泰豐般揚威國際，躍居漢餅第一品牌，
「人們一提到漢餅，首先想到的，就是舊振南。」目前，舊
振南產品已外銷至香港，未來將先全力衝刺東南亞市場。

兄弟倆皆以專業經理人自居

　　「雖然都在家族企業中任職，但我與弟弟都自我定位為
專業經理人；下班後是另一回事，但上班時，就是專業經理
人。」李立元肯定地說，「如此心理比較健康」，他們目標
不是超越父親，而是保存這個品牌，「舊振南要培養的，並
非接班人，而是接班團隊。」

　　「當接班團隊強大到獲得父親認可時，父親就會像張忠
謀般，逐漸退居幕後。」他透露，父親現已將活動重心，轉
移至企業的社會參與，代表他「慢慢地將營運讓給我們」，
已啟動實質交班！

舊振南小檔案：

創立：1890 年（舊振南餅店）、1994 年（舊振南食品）

董事長：李雄慶

總經理：李立元

產業別：食品

地點：高雄市大寮區

人才優化心法：藉由與外貿協會等單位合作，挖掘高階人才，資訊部門則就近錄用中山大學、高雄大學等大學的畢業生，並與其他學校建教合作，找尋優秀的工廠員工、行銷人員，將員工平均年齡降至約 33 歲。企業第五代的營運長李立元強調，舊振南不培養接班人，只培養接班團隊。

13 | 味榮食品

在外歷練才回「家」振衰起敝，
靠有機味噌帶動業績再起

有機味噌的成功，再度擦亮味榮食品的招牌，連帶拉抬其他產品的銷量；如一般味噌的銷量，市占率已達約 50%。

　　縱觀人類歷史，開創新朝不易，中興更是舉步維艱；企業亦然，繼承正走在下坡路途中的家族企業，比自行創業困難甚多。身為企業第三代的許立昇，帶領中台灣釀製品第一品牌——味榮食品，走出低谷、再攀顛峰，靠著有機味噌轉虧為盈。

　　大榮食品廠的前身為復興碾米廠，由許立昇的祖父許火烈於 1950 年創立，主力產品為味噌、紅糟等釀造品。20 世紀 70 年代，第二代、許立昇的父親許宗琳繼承家業，將更名為味榮食品，並新增醬油醬菜等產品品項。目前，他仍擔任味榮食品董事長，但已將營運實權交付許立昇。

抱持蹲 3 年苦牢的決心返家

「我家 4 兄弟，從小就得幫忙貼罐頭標籤等庶務。父親曾期望我讀食品系，但我沒意願。」排行老二的許立昇微笑地說，「從未想過接班」，北上就讀文化大學印刷傳播系所後，更留在北台灣就業，看似與接班漸行漸遠，「原本是大哥、三弟接班。沒想到，大哥個性太溫和，三弟與父親意見不合，兩人相繼離職。爸爸還是把我叫回來。」

大學畢業後，因想充實企業管理知識，許立昇先應徵進企管顧問公司，負責招生業務與課程安排。之後，他轉進醫美企業，擔任傳播行銷職，並獲拔擢為副總經理，「離職前，公司正準備升我為總經理」；他感謝地說，每階段職涯皆受益良多，「企業第二代一定要到其他企業歷練，才能管好自己企業。」

「回到家族企業任職，無論你職位為何，就像我一開始是課長，在員工眼中，依然是少東、太子、頭家子。」許立昇不諱言，員工大多不會對第二代說真話，「有些人為了逢迎，有些人是怕你當『抓耙子』」，必須自行研判企業內的真實情形。

許立昇到味榮食品任職時，受中國競爭對手超低價促銷

策略的劇烈衝擊，味榮食品已陷入營運低潮，只能靠向銀行借貸周轉，「雖然風味略遜一籌，但中國製產品售價僅約味榮食品產品的 3 分之 1，幾乎橫掃中、低階市場」。他直截了當地對父親說：「如果花 3 年的時間，還救不起來，就應該收掉」，心中的想法是，「就當蹲苦牢，苦就苦這 3 年！」

頭一項創舉即賠掉數百萬元

　　當時，許家「以廠為家」，父親只要聽到許立昇的腳步聲走近，就會非常緊張，擔心許立昇向他開口：「沒錢了」，請他再向銀行借貸。其實，許宗琳先前轉投資房地產，獲利相當豐厚；許立昇若無力回天，味榮食品將就此謝幕。

　　當年除了市場挫敗，味榮食品員工良莠不齊、生產力欠佳，亦讓許立昇深感棘手。當年，味榮食品只有 12 個員工，大多是 40、50 多歲的家族成員「阿伯、阿姨」，還有年紀更長的「姨丈公」，動輒「做壞產品」，不是黃豆焦掉，就是味噌發酸；他們幾無食品衛生觀念，在生產線上抽菸、打赤膊，中午就開始喝酒。最誇張的是，有人午睡到下午 3、4 點才復工，還有人監守自盜。

　　他開始整頓員工紀律時，還屢遭老師傅斥責：「你才剛

來，管我做什麼」，進行製程科學化管理時，也遭老師傅以「這個要看天氣」等模稜兩可的言辭敷衍。經許立昇訂定內部管理規章，逐漸淘汰不適任的員工，才將員工平均年齡，從原本的 55 歲，降至 30 餘歲，並找回三弟夫婦，負責產品內外銷事宜，終於可大刀闊斧進行改革。

雖然味榮食品唯有透過轉型，才能救亡圖存；但許立昇的頭一項創舉，就慘遭滑鐵盧。在他主導下，味榮食品投資超低溫沖泡食品，超低溫食品一如泡麵，在常溫下加熱水即可食用；不過，產品上架後價格偏高而乏人問津，虧損達數百萬元。

靠有機味噌帶動 10 年高成長

為求突破，許立昇每年都前往日本，參訪東京國際食品展；「觀察東京國際食品展中，就可看出食品業未來 3 到 5 年的趨勢」。他發現，展場中標榜有機的廠商家數，每年皆穩定成長，「當時，台灣尚未流行有機食品，讓我看到新的契機」，並決定從有機味噌與有機醬料切入，但超低溫食品失敗的殷鑑不遠，父親一開始並不支持。

「家族企業營運的最大盲點，常是公私不分。」許立昇

堅持公事公辦，「角色定位才會清楚」，向父親提出企劃書，包括將動用多少預算、人力，可望創造多少業績，並強調產製有機味噌的優點，「只需購買原物料，不必添購新設備，且產品單價較高，為一般味噌的 2 倍多。」

此次，果如許立昇預料，有機味噌成為味榮食品振衰起敝的關鍵；他分析，「味噌品牌琳瑯滿目，但有機味噌卻只有味榮食品一家」。因此，有機味噌與有機醬料問市後，味榮食品業績連續 10 年成長逾 20%，員工數增至約 80 人，但近年來，成長率已趨緩至約 6%；縱使其他品牌有機味噌相繼搶市，但在有機味噌市場，味榮食品市占率現仍約 70%。

除了台灣市場，味榮食品的有機味噌與有機醬料，也已行銷至 20 多個國家。但在不同國家，國情亦不同，味榮食品主打的通路亦有差異；在東南亞國家，主要通路為有機商店，在北美洲，以華人超市為基地，而在中國，母嬰市場的銷售成績最佳。為迎合時代潮流，味榮食品亦組建網購團隊，並興建觀光工廠，成立全國第一座味噌釀造文化館。

家族成員溝通公事應留紀錄

有機味噌的成功，再度擦亮味榮食品的招牌，連帶拉抬

其他產品的銷量；如一般味噌的銷量，市占率已達約 50%。許立昇亦乘勝追擊，推出多款具台灣特色的食品，如苦茶油、黑木耳露、烏梅汁等。如今，味榮食品產品品項「軍容壯盛」，已約 200 項，味噌、紅麴產量更稱冠台灣。

「在公司時，家族成員溝通公事，都得視為會議，應留下文字資料，否則必將引發衝突。」許立昇直言，「當親人發生爭執時，雙方都應該冷靜離開，因為惡言相向對雙方是長時間有害無益」，而企業第二、三代應以實績，爭取長輩放權，「目前，味榮食品所有經費，如何分配、使用，皆由我決定。先前，我動用 100 萬元以上的經費，必須事先向父親請示；如今，額度已提高至 200 萬元，且只需在年度報告中註記。」

企業第二代、第三代中若有多位家人，誰較適合接班？許立昇認為，除評量學歷、經歷，更要考慮個性；「我看起來比較凶，可讓員工較為安分」，又可忍住脾氣，不與父親正面衝突，故可從課長一步步升上總經理。

已過 80 大壽的許宗琳，因味榮食品營運穩健，早已過著「減法生活」，生活重心已轉至出國旅遊，現已遊歷過150 多個國家；偶爾，也會關心味榮食品的業績，「但不會干涉細節，能不管就不管」。

希望培訓幹練的經理、協理

因非企管系畢業，加上參與味榮食品營運後，深刻體悟「會技術與會管公司，完全是兩回事」；為深化企管知識、技能，許立昇選擇就讀東海大學企劃管理師班，再到中國生產力中心管理顧問班進修，期待在可見的未來，將味榮食品的年營業額成長數倍。

這樣的目標絕非許立昇一人獨力領航就可克竟全功。因此，對新進員工的選、訓、用、留，與各部門員工的職能訓練，他都相當重視，希望可培訓一群幹練的經理、協理，與他齊力支撐味榮食品。

「超過 50 人的內部教育訓練，我就會向勞動部申請經費，邀請專家、學者前來演講。」許立昇透露，味榮食品為增強員工的專業能力，還派遣相關人員至專業機構進行教育訓練；如送財務人員至中國生產力中心上課，要求生產線人員至衛福部食品藥物管理署聆聽食品法規課程，「就連員工旅遊，我都安排到知名觀光工廠參訪，吸取其他企業的優點！」

味榮食品小檔案：

創立：1950 年

董事長：許宗琳

總經理：許立昇

產業別：食品製造／觀光工廠

地點：台中市豐原區

人才優化心法：第三代許立昇到職後，每年皆赴日本參訪東京國際食品展，從中研發有機食品商機，靠著有機味噌與醬料，讓味榮食品轉虧為盈，並帶動業績 10 年高成長。更透過味噌觀光工廠營運，讓味榮味噌品牌成為台灣前 3 大知名品牌。許立昇不僅重視新進員工的選、訓、用、留，並派遣相關人員至專業機構進行教育訓練，強化專業技能。

14 | 春池玻璃
轉型開啟重生之路 >>

啟動「W春池計畫」，
夕陽產業變身循環經濟典範

企業第一代的原點是 0，最差就是回到 0；企業第二代的原點，可能是 60，但最差也是降至 0，績效其實是負 60，兩者難以相提並論。

　　萬千農夫、農婦叮囑已讀到大學或研究所的子女，「務農辛苦，若非迫不得已，絕對不要繼承家業」；同理，諸多傳統產業的中小企業主事者，亦不鼓勵下一代克紹箕裘。然而，若干曾在其他產業歷練過的青年世代，返家後運用所學，反讓農家、中小企業脫胎換骨，重現驚人的生命力、競爭力，春池玻璃即是箇中典範。在 2015 年獲得根留台灣展望全球之「金根獎」，並獲政府官員稱讚春池玻璃，為台灣「循環經濟」之典範。

從夕陽產業躍升循環經濟要角

以回收玻璃起家的春池玻璃，在擁有劍橋大學碩士學位、曾在台積電服務的第二代吳庭安返家後，致力開發相關次產業商機，如藝品、建材、玻璃產品等，從夕陽產業的一員，躍升為循環經濟產業的要角。

「爸媽從未限制過我，但在潛移默化下，我大學選讀側重材料研究、資源處理的成大資源工程系，且最終回家接班。」吳庭安不諱言，「企業第一代如果不斷耳提面命，反而可能讓第二代心生抗拒」，而深知父母創業維艱的他，甚早就發願，「未來，一定要找機會報答爸媽！」

「玻璃分類的過程，非常辛苦。」少年時，吳庭安曾和2位同學，一起到春池玻璃打工，但工作現場「異味驚人」，2位同學僅撐了一個上午，便「知難而退」，留下他孤軍奮戰，面對堆積如山的酒瓶、醬油瓶、羊奶瓶，「酸掉的羊奶，普通人一聞就吐」，「但日曬、臭味，我已司空見慣，都不算什麼！」

春池玻璃原專事玻璃回收，等同於「城市採礦」；成大資源工程系的訓練，讓吳庭安進入春池玻璃任職後，快速「就定位」，主導研發玻璃吸管、亮彩琉璃、輕質節能磚等

新創產品，為企業拓展新財源，跨足建材、藝品產業。自成大畢業後，他申請英國劍橋大學，攻讀工業管理碩士。

受益於劍橋大學、台積電歷練

「工業管理聯結商管、工業，讓我受益匪淺。劍橋大學還要求該所研究生，必須協助 4 家不同企業，解決疑難雜症，才能取得碩士學位。」他感激地說，他先後前往 BBC（British Broadcasting Corporation，英國廣播公司）等企業擔任專案顧問，產業別涵蓋媒體、太陽能、半導體、服務業，讓他的視野更為開闊。

畢業後束裝回國，吳庭安應徵進台積電，負責營運資源規劃業務，擔任執行長、董事會的幕僚。當台積電興建新廠時，得先由營運資源規劃部門估算相關人力、設備、資本支出，再擬定專案報告，上呈高層審議，「在台積電的 3 年半，我學到許多寶貴的經驗。」

2011 年 9 月，春池玻璃發生營運危機，他毅然揮別台積電，「離職後的隔天，就向春池玻璃報到，職位是工程師」；3 年後，他升任董事長特助。之前忙得沒有機會省親的吳庭安回憶道，「父親就像大多數企業第一代般，從來不

曾喊累」,但觀察眼神,「就知道父親真的累了!」

「我返回春池玻璃,爸媽當然開心。但我也才赫然發現,企業面臨諸多嚴峻的挑戰,爸媽卻從未提起過。」吳庭安略帶無奈地說,幸而劍橋大學、台積電的「教育」,讓他確信透過轉型,必定可克服重重難關,並埋頭研發半年,深化大學時的研究,終於成功將回收玻璃,製成隔熱、隔音、防火的輕質節能磚,開啟春池玻璃的重生之路。

轉型過程中有難以勝數的失敗

從實驗室研究進階至工廠量產,因規模更為宏大,舉凡材料配比與生產線上的設備、人力調度,「都得耗費許多心思設計、安排」;吳庭安卻「關關難過關關過」,建立起輕質節能磚的生產線。輕質節能磚現已打進多國市場,春池玻璃另成立台灣開發製材公司,負責內銷事務,服務範疇更擴及施工。

在「少主」吳庭安主導改造下,春池玻璃不僅轉危為安,更已脫胎換骨,是台灣唯一完整布局玻璃產業鏈的廠商。目前,在整體營收,回收玻璃與原物料的比重,已降至40% 至 50%,建材則占 25% 至 30%,玻璃製品約占 15%,

藝品約占 3% 至 5%；產品外銷比例更從約 10%，大幅躍升至 40%，未來上看 50%。

「進入春池玻璃後，除了研發，我還做了許多外人看不到的改革，包括引進多項新技術，為轉型紮穩馬步。」吳庭安不諱言，大多數人只看到春池玻璃轉型成功後的風光，卻不知中間曾歷經難以勝數的失敗，轉型的腳步雖然緩步，但改變所創造的實績，卻可激勵、凝聚員工士氣，並成為改革的助力。

「若干企業第二代甫踏進家族企業，便想要大刀闊斧改革，並吵著要上一代放權。」吳庭安建議，企業第二代應先自我定位為員工，而非專業經理人，更非接班人，待做出成績來，必可獲得上一代與其他員工的認可、信任，「不要妄想一步登天，我就花了約 7 年」，切忌譁眾取寵、製造對立，「尤其與上一代對立」！

溝通是企業第二代的必修學分

春池玻璃的轉型循序漸進，在吳庭安的縝密規劃下，同時進行製程優化、新材料研發、淘汰劣質客戶與增加新客戶，並積極招徠新血，35 歲以下員工現占總員工的 3 成以

上，「多管齊下並持之以恆，企業體質明顯由弱轉強」。

　　不久前，吳庭安已從董事長特助升任副總經理，更獲父親、董事長暨創辦人吳春池充分授權，統籌春池玻璃營運事宜；「能自己處理的事，我都自己處理」，但遭遇可能「動搖國本」的重大事件、決定，如動用鉅額資金、增加產品外銷比例等，仍會徵詢父親的意見。

　　例如，春池玻璃計劃擴大建材外銷比重，台資企業大多選擇以中國為灘頭堡，但吳庭安卻獨鍾新加坡，「新加坡是亞洲建築法規最謹嚴的國家，又是東南亞的經貿中心，只要成功打入新加坡市場，進軍其他國家，當可事半功倍。」獲得父親首肯後，春池玻璃大舉強化新加坡行銷力道，效益果正如吳庭安預期，接著順利揮師東協 10 國與中國、日本、韓國，已讓春池玻璃外銷營收成長數倍。

　　「企業第一代的原點是 0，最差就是回到 0；企業第二代的原點，可能是 60，但最差也是降至 0，績效其實是負 60，兩者難以相提並論。」吳庭安嚴肅地說，他經營春池玻璃，時時刻刻戒慎恐懼，深怕有所閃失；而與科技業相較，傳統產業人際關係更為緊密，人和更為重要，必須採取不同的管理系統，「學習如何與員工、上一代順暢溝通，更是必修學分。」

重塑企業價值吸引年輕求職者

　　企業轉型最關鍵卻也最困難的環節，非人才換血莫屬。春池玻璃所在地新竹市，向是台灣玻璃產業重鎮，曾有高達 3 成以上的人口仰賴玻璃產業維生；目睹玻璃產業興衰起落的吳庭安語重心長地說，玻璃產業若要重返昔日榮光，除了生產當代社會所需的產品，還得重塑意義、價值，才能吸引更多年輕人投入。

　　「得先讓年輕人感覺有趣，他們才會行動。」吳庭安為春池玻璃長遠計，除提升製程自動化比例，還推出「W 春池計畫」，闡揚春池玻璃的新價值，如願招攬青年俊才，「W 有多層涵義，一是吳（Wu），二是無，代表從無到有，三是 worth（價值）；四是 world wide（全世界），指春池玻璃志在成為國際級企業。」

　　推動「W 春池計畫」後，帶動許多年輕人主動前來春池玻璃求職，上門尋求實習機會的學生亦未曾間斷。不過，一般員工依循 SOP 培訓，唯獨吹玻璃的師傅養成困難，依然維持師徒制。

　　吳庭安更以美商 3M 為範本，「3M 從礦業起家，現卻是生活用品大廠」，期待日後春池玻璃可固守 B2B 市場、強化 B2C 市場，前往東南亞國家設廠，擴大自主品牌可在歐洲、美國、日本的市占率，朝「台灣 3M」的目標大步前進。

春池玻璃小檔案：

創立：1961 年

董事長：吳春池

副總經理：吳庭安

產業別：玻璃

地點：新竹市

人才優化心法：企業第二代吳庭安到春池玻璃後，以在劍橋大學留學、台積電任職的經驗為根基，成功帶領春池玻璃轉型，大幅提升產品外銷比例；為積極招徠新血，推出「W 春池計畫」，闡揚春池玻璃新價值，35 歲以下員工現已占總員工的 3 成以上。

15 | 轉型與業績並進 >>
飛士蘭外燴家

從麵包店到通路，
兩代權力衝突到構築產業供應鏈

既以外燴為主業，形塑優質的外在，更易在眾多競爭者脫穎
而出，贏得客戶的信任。

2006 年，日本棒球攀登歷史巔峰，由王貞治擔任監督、
鈴木一朗擔任隊長的日本代表隊「王 Japan」，絕處逢生、
連克勁敵，在首屆世界棒球經典賽（World Baseball Classic,
WBC）中掄元。

中壯輩台灣企業家，多數深受日本企業文化影響，擁有
如王貞治般的職人精神，勤勉、盡責且低調，但新生代台灣
企業家採美式作風，接近赴美後的鈴木一朗，重視數據、趨
勢、科學化與人性化管理，企圖心較強烈。在企業傳承過程
中，兩代不必然相互猜疑，有時反倒相輔相成，飛士蘭外燴
家即是佳例，在一家人齊心協力下，一如「王 Japan」棒球
隊般，創造餐飲業的奇蹟。

與雙親無「權力拉扯」

「許多企業新生代在接班過程中，與上一代不時有『權力上的拉扯』。」飛士蘭外燴家總經理彭詩凱感謝地說，有些上一代企業家作風強勢，「只有指示、沒有商量」，新生代職位雖高，卻幾無揮灑空間，「我很幸運，與父母雖有意見爭執，但雙親仍信任我，放手讓我進行企業轉型。」

彭詩凱還有 2 個弟弟，也都任職於飛士蘭外燴家，負責技術領域；而在數年前，父親已正式退休，過著天天遊山玩水的悠閒日子，「這正是我接班的目的之一。」

彭詩凱的爺爺、父親，都是麵包、蛋糕師傅，以開麵包店為業，在台北市一家醫院旁開業超過一甲子。15 歲時，彭詩凱即離家求學，畢業後又踏入科技企業，上班了近 10 年，本與家族事業並無交集；在他返回家族企業後，雙親才打消退休停業念頭。

「在學生時代，我從未想過接班。我爸媽也相當排斥，認為『就一家小麵包店，有什麼好繼承的！』」但想起店外每天等著麵包新鮮出爐、滿心期待吃到難忘風味的顧客，另一方面彭詩凱也看好外燴市場未來的發展，家族成員遂齊心協力將麵包店，轉型為飛士蘭外燴家。

　　彭詩凱說，他原本的專業為電子商務，因此當家中的麵包店轉型為飛士蘭外燴家後，他便放膽改革，開始運用「關鍵字行銷」等網路行銷策略，效果相當顯著，業績一路長紅。

遷至現址業績突飛猛進

　　「轉型初期，因為我也不太懂，舉凡廠房設計、企業營運等，一切皆遵循父親的意見。業績雖然亮眼，卻是我最痛苦的階段。」彭詩凱直言，父親亦是傳統台灣企業家，凡事總是「先求有、再求好」，導致飛士蘭外燴家在「在超負荷狀態下營運」，不僅應聘新進員工甚難，員工流動率亦居高不下，「訓練新進員工、承接離職員工等工作，都落在我的頭上。」

　　「一言以蔽之，當時我就是打雜的，工作項目還包括洗碗、掃地、接單、送貨等，有時還得去生產部門幫忙。」彭詩凱無奈地說，他每天都忙到昏天黑地、焦頭爛額，曾長達2年，沒休過1天假，每天從早上5點工作到隔天凌晨1、2點，「最後，我只得跟我爸攤牌，再如此下去，『不是你退休，就是我退休』！」

　　彭詩凱解釋，飛士蘭外燴家三餐皆可外送，但送餐後還

得回收餐具，再清洗鍋碗瓢盆，餐復一餐、日復一日、月復一月，縱使是鐵打的身體，也禁不起長期消耗。加上，飛士蘭外燴家客戶數穩定成長，但外送客戶超過 20 家時，人力便已捉襟見肘，「天天都像是在打仗」，且原址位於住宅區，員工只能蹲在狹窄的巷弄間洗滌餐具，遷址、擴充規模實已迫在眉睫。

若僅論營業額，飛士蘭外燴家的成長速度，羨煞其他中小企業。轉型首年，年營業額即達約 300 萬元，第 2 年「翻了不只一番」，已逾 1 千萬元；之後 2 年，年營業額相繼突破 3 千萬元、5 千萬元，且毛利率近 60%、淨利率近 40%，利潤相當可觀。只是，雖然所有業務都可勉力完成，但團隊卻已人仰馬翻，根本無暇檢討、提升產品與服務品質。

父子爭執、母親打圓場

「我的個性與父親不同，一旦立定目標，就希望一次到位，『可以做到 100 分，就應該做到 100 分』；但看在爸爸眼中，卻覺得『過於奢華』。」彭詩凱語氣堅定地說，他的目標包括興建合格的中央廚房、通過 ISO22000 與有機食品認證等，而「起初，我爸也聽不懂啊」，「後來他發現，要

通過這些認證，必須添購許多新設備，捨棄舊設備，就有些捨不得。」

　　光是興建中央廚房、添購新設備，飛士蘭外燴家花費即超過 1 千萬元，等於投入前 2 年的所有獲利；彭詩凱不諱言，「導致父親異常緊張，就連雞毛蒜皮的小事，都斤斤計較。」然而，負面情緒不斷累積，終於爆發激烈衝突，引爆點僅是一台舊機器是否丟棄，父子倆面紅耳赤、僵持甚久，最後媽媽出面打圓場，才讓衝突落幕。

　　「父親開設麵包店甚久，業主心態根深柢固，短期內難以改變。」彭詩凱自承，因當過多年的上班族，深信一家企業要組織「好的團隊」，就得先建構「好的薪資、好的福利、好的工作環境與氣氛」，別無捷徑，「最近，父親脫離第一線，加上我與他持續溝通，已較能理解、認同我的作法。」

　　外燴產業屬性特別，因烹飪後還得外送至客戶指定處，實為「半製造業、半服務業」。彭詩凱採「有容乃大」經營策略，相信「海不辭水，故能成其大」，藉口碑渲染擴大客戶群，從不嫌棄訂購金額不高，產品、服務品質絕不打折扣，「我相信，一個訂單僅有 3 千元的客戶，將可能介紹源源不絕的訂單。」

傳承父親對品質之堅持

在舊址時，飛士蘭外燴家員工多為彭家親友，不僅向心力較強，亦較無薪資、福利爭議；遷至現址後，員工人數激增，彭詩凱只能加緊學習統御知識、技術，嘗試在企業獲利、員工福利間尋求平衡。他赫然發現，不能再當「好好先生」，否則必將失衡，傷害企業獲利、前景。

彭詩凱強調，「勞基法」僅規範最低標準的勞動條件，企業如果只給予員工最低標準的勞動條件，員工必然充滿挫折感，工作態度消極、懶散，在薪資、福利上，飛士蘭外燴家雖無法以 Goole、Apple 等國際級企業為標竿，但絕對可讓員工安居樂業。

既以外燴為主業，形塑優質的外在，更易在眾多競爭者脫穎而出，贏得客戶的信任。除建立物流車隊，與客戶直接面對面接觸的員工，如物流、客服人員，彭詩凱皆精心挑選，要求穿著企業制服，並嚴格訓練他們的應對進退與語言禮儀，「為了與他們溝通，我也努力學習青年世代的流行語」，為強化他們的「戰鬥意志」，「我像是軍中的班長，天天都進行早點名！」

在父親傳承給他的諸多智慧與經驗中，彭詩凱認為，最

珍貴的，莫過於對品質的堅持、要求；今日，飛士蘭外燴家
的產品、服務品質，已與飯店不相上下，但價格卻僅約飯店
的 60%。他豪氣干雲地說，正因為如此，飛士蘭外燴家才
能挺過猛烈的客訴炮火洗禮，一路成長、茁壯至今。

未來將構築完整產業鏈

「外燴美味與否，見仁見智，但好吃僅是基礎，不值得
炫耀，優質服務才是致勝關鍵。」彭詩凱分析，近年來外燴
業者數量激增，競爭激烈程度遠過昔日，餐點可否準時送
達，成為評斷外燴業者優劣的首要條件，「畢竟，許多重要
典禮如婚禮、記者會，時辰絕不可有片刻耽誤。飛士蘭外燴
家以準時著稱，至少能將遲到範圍，控制在最低的範圍內。」

但父親凡事親力親為，彭詩凱卻引以為戒，「一個人能
力再強，也比不過一個團隊」。因此，他敦聘顧問修潤菜單、
管理廚師，並積極培訓主管、整合外部資源，並嘗試「不要
靠第一線員工太近，讓他們有些喘息的空間」，而在未來 5
年，「希望將飛士蘭外燴家打造為通路，並開設餐廳，構築
完整的產業供應鏈。」

飛士蘭外燴家小檔案：

創立：1988 年

總經理：彭詩凱

產業別：餐飲

地點：台北市內湖區

人才優化心法：第一代充分授權，讓第二代可大刀闊斧改革，進行企業轉型。彭詩凱掌舵後，將廠房遷至現址，並通過中央廚房、HACCP、ISO22000 與有機食品等認證，以「好的薪資、好的福利、好的工作環境與氣氛」，建構「好的團隊」，積極培訓主管、整合外部資源，並採「有容乃大」經營策略，以開拓新的客源。

16 | 轉危為安開創新局 >>
創維塑膠

被迫提早 15 年接班，
制定「職位説明書」整治團隊延續企業

先前創維塑膠主管並不清楚企業方向，唯遵循「董事長交代」；現在，透過建立策略團隊，與主管共同描繪公司新的願景與目標。

　　人有旦夕禍福，計畫常趕不上變化；企業的接班計劃，最害怕死神臨時插手改寫劇本。因父親林金鐘辭世，創維塑膠總經理林毅桓被迫提早接班，接班時更適逢 10 年僅見的「超級淡季」；但他咬緊牙根，在危亂中努力建立制度，終於帶領企業轉危為安，並開創新局。

　　「原本，我預估到 40 歲至 45 歲時，才會正式接班；沒想到，30 歲時就得接班。」林毅桓坦承，父親雖非驟逝，但在他接任總經理後，仍發現還有諸多核心事務，包括最核心的估價程式，尚未完成交接，「足見父親也沒想過，自己會這麼早走，來不及作好準備。」

按部就班進行接班修練

　　林毅桓回想學涯、職涯，在父母的引導與「精心設計」下，他對創維塑膠事業相關領域，產生濃郁的興趣，接班早已是「計畫中事」。從大學機械工程系畢業後，他隨即赴創維塑膠品管部門任職，希望可快速認識品管流程，「但當時對未來的方向，還不是很清楚」。

　　9個月後，因「到其他企業磨練，更能突破既有框架」，林毅桓決定離職，到一家化學設備廠擔任研發職。這家化學設備廠規模不大，他不僅得向一級主管直接報告，有時還要兼任客服，學習到完整的企業管理模式、產品開發流程，「如果在大廠，根本學不到這麼多，更無法接觸高階主管」，「更重要的是，正向的企業文化，成為我日後經營企業的典範。」

　　再2年後，他前往日本留學，就讀日文專門學校，為期1年，之後再次回歸創維塑膠。其實，因深知創維塑膠與日商往來密切，他從大學時，即便開始自修日文；而負笈日本，亦是接班的修練之一。

　　2013年，再次回歸創維塑膠後，林毅桓初任開發工程師，再升任董事長特助，「父親逐漸分權給我，分攤管理責任」。因常接觸不同單位、客戶，並自視為專業經理人，他

逐漸消除與同仁間的隔閡，並可獨立作業。

遭逢父喪卻可臨危不亂

　　雖然隨侍在父親身旁，但「父親並沒有特別教我」；林毅桓回憶，「有些疑難，父親只要看一眼，就知道如何解決。」但在第一時間，父親選擇讓他獨自摸索，「聽完我的方法，父親再進行評斷、分析」。兩人關係既是父子，又是師生，有時又好像是兄弟；縱使偶爾彼此意見不合，亦可快速消弭歧見。

　　2017 年，因父親癌症確診被迫養病，林毅桓肩頭上的擔子愈來愈沉重。但他卻臨危不亂，責成各部門擬訂「充電起飛計畫」，將創維塑膠專業技能與職銜有落差的員工，分批外派至專業機構受訓，並著手建構資料庫。

　　2018 年 6 月，父親辭世，隔天他立即召開主管會議，商議應變對策，要求致力降低產品不良率，「因為在此非常時刻，更要提防同業耳語攻擊，搶奪訂單」，告誡公司上下，「只要出現一丁點錯誤，就會被外界放大，讓若干客戶誤以為，創維塑膠已經不行了！」2 個月後，創維塑膠資料庫建置完成。

此時，林毅桓的次子剛剛出生，家事、公事兩頭忙，又遭遇 10 年來最慘澹的淡季，營收僅有平時的一半，還被迫放無薪假，創維塑膠處於「員工緊張、同業中傷、客戶懷疑」的狀態，堪稱風雨飄搖、四面楚歌。

組領導團隊、建立制度

父親離世後，由母親繼任創維塑膠董事長，林毅桓升任總經理，弟弟也回到創維塑膠任職；他們的共識是，「要把父親創辦的公司延續下去」。他感觸良深，在塑膠產業，「父親是個傳奇人物，幾乎無人不曉」，而在中台灣，創維塑膠亦是名列前茅的塑膠射出廠，「很多人懷疑我，可否接得下來！」

林毅桓不諱言，許多客戶「都看著我長大」，創業時間與父親相近，彼此相互扶持、提攜，從草創到茁壯，「革命情感濃郁」，也都用長輩對晚輩的態度照顧他。然而，他非常清楚，有些客戶繼續與創維塑膠合作，「是看在我爸爸的面子上」，「但客戶對待我，與對待我爸爸，態度還是有所差異。」

「人在，人情在。我父親不在後，光環頂多再維持 2 到

3年。之後，一切都得靠自己努力了。」林毅桓感嘆地說，「爸爸實在太強了」，一人即可統籌企業營運，胸中自有營運目標、策略，還可獨立估價，「但缺點是傾向人治」，而他並不想效法父親的治理方式，轉而積極組建領導團隊，「建立制度後，就一切照制度走」。

估價程式未及時交接，是林毅桓迫切補上的缺口，「研發經理雖是父親估價的代理人，卻仍難以掌握父親依照不同客戶的特性、狀況，彈性調整價格」。林毅桓接手後，耗費諸多時間、精力，才重建估價程式，並建制2位代理人，「我們3人的估價結果落差不大，但都可保證獲利。」

特重視人才內訓、外訓

創維塑膠原屬被動接單型企業，林毅桓重組組織架構，強化業務部門，以增加主動接單進項，「畢竟，一直被動，不一定可以接觸到合適的客戶」。目前，創維塑膠年營業額約新台幣4億元，主力產品為自行車、縫紉機、氣動工具的零組件，其次為汽車、工業用電子設備零組件，再其次為文具、非接觸性醫療用品。

在父親辭世前1年，林毅桓加入二代大學，「當我有疑

難時，就會向老師、同學請益」；經二代大學洗禮，他帶領各部門主管，共同研擬企業策略、目標，串聯「團隊價值鏈」。差異在於，先前創維塑膠主管並不清楚企業方向，唯遵循「董事長交代」；現在，透過建立策略團隊，與主管共同描繪公司新的願景與目標，主管更加主動、積極任事，無法再以「策略、目標都是董事長訂的，我達不到」為藉，也帶動企業效率快速提升。

林毅桓接班後，特別重視人才培訓制度，「雖然必須投入可觀的時間、經費，但我相信，日後提升企業競爭力所帶來的收益，必將超越支出」。父親掌政時，已擘建完整的內訓制度，惜未能落實；林毅桓除確實審核，亦透過「充電起飛計畫」強化外訓，出資派遣員工至塑膠中心、中國生產力中心等機構上課。

訂製人資與薪資制度

然而，林毅桓嘗試改革人資制度，卻一度「踢鐵板」，「改革後，內部反彈甚大，更導致士氣渙散」；他特延聘專家，為創維塑膠量身訂製完整、透明的人資與薪資制度，制定「職位說明書」，才平息爭議。他得到的教訓是，制度就

像衣服,「要確定衣服合身後,再穿上,而非邊穿邊改」。

　　「如此,新進員工可以瞭解日後的升遷途徑,有助於安定軍心,也免於大材小用、小材大用,明明已升上中高階主管,卻還在執行基層主管的業務。」林毅桓解釋,頒布「職位說明書」,明訂各職位工作內容、應具備能力後,「如經理,就得擁有分析該單位數據的能力,與統籌、企畫之能力」,獲升遷者若自知能力不足,就會想方設法補強不足之處。

　　中階主管若要晉升高階主管,創維塑膠會先進行測試,「確認他懂什麼、不懂什麼,強項為何、弱項為何」,並針對他應具備但較弱的能力,安排專業顧問進行 1 對 1「補習課程」,予以補強。

企業體質強健、無老化

　　自父親起,只要公司財力許可,不吝頒發績優獎金;因此,創維塑膠起薪雖不突出,員工離職率卻一直低於同業。林毅桓更不厭其煩地宣導,「倘若工作內容不變,公司不會因員工年資增加,而予以加薪」,加薪的唯一條件,是可為公司做出更高、更大價值貢獻時,「表現良好,可獲獎金鼓勵,但加薪買的是未來」。

　　創維塑膠自行診斷「企業體質」，發現員工年齡層分布頗為平均，不同年齡的員工人數相去不遠，不像其他傳統企業有明顯老化的毛病，創維塑膠體質強壯、健康，足見新的人資、薪資制度已發揮成效，有利於世代經驗傳承。

創維塑膠小檔案：

創立：1985 年

創辦人：林金鐘

董事長：李麗玉

總經理：林毅桓

產業別：塑膠

地點：台中市大里區

人才優化心法：因父親辭世，第二代林毅桓被迫提早接班，但他臨危不亂，循序漸進地建立完整、透明的人資與薪資制度，制定「職位說明書」，責成各部門擬訂「充電起飛計畫」，將創維塑膠專業技能與職銜有落差的員工，分批外派至專業機構受訓，並著手建構資料庫，以利員工世代經驗傳承。近期也將增加更高階的軟、硬體設備以提升競爭力。

17 | 百年企業新氣象 >> 丸莊醬油

多元、精準行銷，
在地醬油打進高階市場跨國際市場

連 2 年獲《康健雜誌》「品牌大調查」醬油類首獎，足見優
質品質印象已深植人心；更重要的是，消費者的信賴亦彰顯
於產品銷售，丸莊醬油業績持續穩定成長。

　　在第四代莊偉中參與營運後，丸莊醬油如日劇《下町火
箭》中的「佃製作所」，從地方小企業，升級為巨擘企業倚
重的合作夥伴。

　　發跡於雲林縣西螺鎮、歷史超過百年的丸莊醬油，已傳
承四代，現由第三代的莊英堯、莊英志兄弟，分任董事長、
總經理。莊英堯的長子、副總經理莊偉中，負責品牌行銷，
讓原本知名度侷限於地方的丸莊醬油，得以進軍全國、國際
市場。

二伯辭世改寫職涯規劃

莊偉中返回家族企業，緣起於一場變故。2004年，當時的丸莊醬油董事長、莊偉中的二伯莊英烈辭世，原任總經理的莊英堯接任董事長；本已計畫赴日本松下電子任職的莊偉中認為，「此時，我應該回家幫忙」，毅然捨棄就業機會，束裝返台。

「起初，我只計畫在家族企業待上半年。沒想到，愈投入愈深，一直待到今日。」莊偉中回憶，從童年到求學階段，腦海中從未浮現接班念頭，雙親也不曾談起此事；而大學主修心理、副修企管的他，畢業後考進外貿協會培訓中心開辦的國際企業經營班（international trade Institute, ITI）日文組就讀，修畢2年的課程，隨即投身電子業，至日本半導體企業ROHM SEMICONDUCTOR（羅姆半導體集團）台灣分公司任職。

未被要求參與丸莊醬油事務的莊偉中，胸懷闖蕩國際的鴻鵠之志；在ROHM任職1年多，便負笈美國，攻讀MBA。在取得MBA學位前，他已前往日本企業在美國舉辦的就業博覽會參訪，尋覓就業機會，並如願應徵進日本松下電子。可惜，計畫趕不上變化，二伯辭世改寫了他的職涯規畫。

「因求學 20 餘年，到此才畫上句點。回台灣後，除了陪伴家人，就是邊休息，邊向電子業投石問路。」莊偉中談笑風生地說，丸莊醬油本是傳統企業，相信「口碑相傳」，壓根未曾編列行銷預算，「甚至連最基本的行銷概念也沒有」，受過現代企業行銷訓練的他，忍不住主動提供行銷建議，「最早是蜻蜓點水式地協助，但爸爸逐漸把事情『丟給我』。約莫 1 年後，就決定安定下來。」

開創百貨公司等新通路

因為通曉英、日文，丸莊醬油的涉外事務，如來自國外的電話、信件，「自然而然地」都落在莊偉中的肩頭。在更深度參與營運後，他扛起丸莊醬油品牌行銷、通路開拓的重擔，「特別著墨於品牌曝光，宣揚丸莊醬油的故事」，終於成功將丸莊醬油型塑為高階品牌，並開創百貨公司等新通路，亦將跨足中國市場。

在丸莊醬油的第四代中，已投入家族企業的成員，除了莊偉中，還有二伯的兒子、大他約 10 歲的堂哥莊偉民，同為副總經理的莊偉民，現負責醬油廠廠務及業務。莊偉中還有一位弟弟，但弟弟正在電子產業任職工程師，未參與家族

企業事務。

　　進入分眾媒體時代，中小企業務必制訂細膩的品牌行銷策略，「否則，就像把錢丟進大海裡，激不起任何漣漪，毫無聲量。」莊偉中分析，早年電視是影響力最大的媒體，台灣知名度最高的幾家醬油廠，都奠基於向「老三台」買廣告；但在今日，網路等新興媒體崛起，電視頻道數量雖已破百，但影響力卻大不如前，縱使同時在30個電視頻道「打廣告」，很可能毫無效果，「中小企業資源有限，必須讓有限的預算，發揮最大效益。」

　　「無可諱言，丸莊醬油錯過了運用媒體壯大的黃金年代，行銷策略理應更多元、更精準。」莊偉中直言，先前僅有年長的消費者聽過丸莊醬油，但亦僅止於「好像聽過，應該是個老品牌」，為突破重圍、樹立新形象；他說服新光三越等百貨公司，讓丸莊醬油產品上架，一舉躍居為醬油產品中的精品。

手工醬油開拓高階市場

　　一般人購買醬油，只想到超市、量販店；丸莊醬油為何選擇百貨公司作為新通路？莊偉中解釋，其他醬油廠皆主打

平價醬油，強調產品「便宜又大碗」，但丸莊醬油主力產品則是遵循古法、手工釀製的醬油，價格亦較高，調性與百貨公司相符，「其實，丸莊醬油亦生產平價醬油，在超市、量販店販售，但手工醬油僅在百貨公司陳列。」

「開拓新通路，並非『商品多了一個新地方可擺』般簡單，必須先設想完整的相關配套準備，且得像外科手術般精準。」莊偉中加重語氣說，但「如果沒準備好，只是去丟臉而已」，而新氣象的第一步，則是更換手工醬油產品的包裝，「一如到台北市信義區洽公，最好換上西裝，難度不高，卻可讓消費者耳目一新。」

比「廣告戰」更經濟實惠的行銷策略，則是「新聞戰」。在莊偉中返台前，丸莊醬油原是媒體的「絕緣體」；在他操盤下，丸莊醬油屢屢登上報紙、雜誌版面，亦不乏電視報導，不僅省下可觀的廣告預算，更讓丸莊醬油成為家喻戶曉的醬油品牌。

丸莊醬油的「媒體處女秀」，正是莊偉中異軍突圍的力作。他因負責涉外事務，接觸一位撰寫國際美食的日本作家；因該日本作家在新書中介紹丸莊醬油，莊偉中特地為他在新光三越舉辦新書發表會，「其實，丸莊醬油並非記者會主角，卻因而首次面對媒體。」

與全球食品業巨擘結盟

　　「媒體處女秀」收效宏大，不僅讓莊偉中確認「新聞戰」策略，讓丸莊醬油躍居媒體寵兒，並開啟與新光三越的合作關係。他加重語氣說，增加新通路，僅是企業轉型的第 1 步；在百貨公司，丸莊醬油常態性舉辦活動，亦致力經營社群，以期加深消費者的印象，「印象愈深，愈有機會成為顧客。」

　　迄今，丸莊醬油在媒體購買的廣告量，仍遠低於其他醬油大廠。莊偉中自豪地說，在 2018、2019 年，丸莊醬油連 2 年獲《康健雜誌》「品牌大調查」醬油類首獎，足見優質品質印象已深植人心；更重要的是，消費者的信賴亦彰顯於產品銷售，丸莊醬油業績持續穩定成長。

　　除了重塑品牌新形象，莊偉中的另一大建樹，當是主導丸莊醬油跨足國際市場。丸莊醬油現已與全球食品業巨擘豐益國際，合資在中國江蘇省泰州新建醬油廠，進軍中國市場。

　　豐益國際集團發跡於馬來西亞，事業版圖廣袤，現為全球 4 大農產品企業之一，橫跨食品、物流、飯店等諸多產業，已在新加坡上市，營運總部亦設於新加坡，也是台灣嘉里物流的大股東。對丸莊醬油而言，與豐益國際合作，如「佃製作所」與航太業豪門帝國重工結盟般，可望如虎添翼、攀登新巔峰。

未來將著墨於海外市場

「當下，豐益國際旗下的金龍魚大豆油產品，在中國市占率高達約40%。與丸莊醬油結盟，目的在經略中國市場。」莊偉中感謝地說，豐益國際並未「嫌棄」丸莊醬油是小企業，雖然「台灣醬油廠與之相較，都是小企業」；而在他堅持下，雙方投資相同的金額，新產品仍冠上丸莊醬油品牌。

「當然，是否與豐益國際合作，丸莊醬油內部有諸多不同意見，但大多數家族成員皆贊成此案。」他加重語氣說，在觀察豐益國際一段時間，且豐益國際亦多次考察丸莊醬油，「光是確認雙方的投資意向與合資架構，就耗費1年以上的時間」，「台灣醬油市場早已飽和，此合作案正是丸莊醬油向外拓展的最佳契機。」

「回到家族企業中任職，不必太在乎職銜。職銜只是方便他人稱呼，不必被職銜限制行動力與想像力！」莊偉中豪氣干雲地說，未來丸莊醬油將挹注更多人力、物力，著墨於海外市場，也將適時調整企業行銷策略，迎接企業下一個百年。

丸莊醬油小檔案：

創立：1909 年

董事長：莊英堯

總經理：莊英志

副總經理：莊偉民、莊偉中

產業別：食品

地點：雲林縣西螺鎮

人才優化心法：為突破重圍、樹立新形象，莊偉中說服新光三越等百貨公司，讓丸莊醬油產品上架，一舉躍居醬油產品的精品；並運用「新聞戰」策略，屢屢登上媒體版面，讓丸莊醬油成為家喻戶曉的醬油品牌，並與全球食品業巨擘豐益國際，合資在中國江蘇省泰州興建醬油廠，準備進軍中國市場。

附錄

台灣中小企業現況

數量占台灣企業 97.7% 近 8 成勞工服務於中小企業

何謂中小企業？依照《中小企業發展條例》第 2 條第 2 項規定，在製造業、營造業、礦業與土石採取業，實收資本額不足新台幣 8,000 萬元，或經常僱用員工數未滿 200 人的企業，可稱為中小企業；至於其他產業，企業前 1 年營業額在新台幣 1 億元以下，或經常僱用員工數未滿 100 人者，亦劃歸入中小企業。

根據研究，2019 年在台灣全部企業總家數為 152.7 萬家，較 2018 年增加 1.7%。其中，中小企業有 149.1 萬家，占全體企業家數的 97.7%，年增 1.7%；其中，約 8 成屬於服務業，且近半（46.7%）為批發及零售業；大企業家數約 3.5 萬，年增 1.2%，中小企業家數成長之速度明顯高於大企業。

而且，在台灣約 1,150 萬就業人數中，約 905.4 萬人任職於中小企業，占比約為 78.7%，遠高於大型企業，2019 年相較於 2018 年，年增率約為 0.99%，連續成長年度更超過 10 年。

面對 2019 年全球經濟持續下行之情勢，中小企業擴展海外市場不易，也因美中貿易紛爭造成全球供應鏈重整，在大企業調整其全球布局過程仍在持續的情形下，中小企業做為大型企業之衛星或外包廠商，其銷售自是受到影響。2019 年台灣中小企業銷售額約 12.7 兆元，約占全體企業銷售額的 29.6%；與 2018 年相較，年成長率約 0.7%，成長幅度遜於 2017 年與 2018 年。

台灣中小企業數位轉型之現況

　　根據主計總處《105 年工業及服務業普查》報告，在台灣近 130 萬家企業中，約有 85 萬家企業（占比 65%）已在營運流程中導入數位化元素。相較於大型企業幾近全數導入營運數位化，中小企業的數位化比例則不及 65%。值得注意的是，在前述 85 萬家企業當中，92% 的企業表示主要是將數位科技應用在基礎生產作業，7% 用於提供網路銷售服務，僅有 4% 利用數位科技執行大數據分析和雲端運算，顯見台灣中小企業對於數位科技的應用深度仍有很大的進步空間。

　　此外，根據 2019 年《中小企業白皮書調查》，台灣中小企業數位化程度轉型約有 60% ～ 70% 仍停留基本電腦軟體應用，且僅有 1 成左右的中小企業擬啟動數位轉型計畫，在中小企業數位化不足之下，不僅影響其進行數位轉型的動力，也會延宕產業數位轉型的腳步。

　　再者，依據 2020 年「中小企業數位轉型資安挑戰大調查」有 66% 台灣中小企業表示疫情造成營收降低，即使在疫情壓力下，有 56% 中小企業沒有改變營運模式，有 13% 中小企業表示要加速數位轉型，有 12% 選擇加碼投資電商，有 9% 係採取改變產品種類來應變。從「營收變低」的企業中選擇「加速數位轉型」與「改變產品種類」的因應方式分別高達 70% 與 59%，而選擇「加碼投資電商」的公司比例更高達 9 成，顯示出擺脫實體束縛的電商已經成為中小企業首選的應變方向。

在數位轉型方面，受訪的中小企業中有 39% 業者表示在瞭解中，42% 業者目前沒有數位轉型計畫，這可能與營收銳減，沒有充足的預算投資，也顯示出在這波疫情的強烈衝擊下，令絕大多數的中小企業對於轉型改變的動機更趨於保守，而實際付諸行動的公司變得少之又少；在尚未可知疫情造成的產業經濟災難將持續多久的情況下，企業主的保守決策不得不以確保營收業績及求取安穩存活為首要，也因此而延緩轉型升級競爭力的計劃。

本研究所訪談的中小企業之數位化準備程度

一般認為數位化（Digitization）、數位優化（Digital Optimization）與數位轉型（Digital Transformation）可以視為企業在數位科技應用上的三個階段。第一階段為數位化，亦即企業先前並未採用相關電腦系統或數位科技於營運管理，為提升效率開始初步應用電腦，將紙本資訊、資料或流程轉為數位格式的過程。位處此一階段的企業對輔導升級的需求是最迫切的；第二階段為數位優化則是指企業在原有資訊基礎上，持續改善提升各項經營活動系統化與數位化的能力，這也正是目前大部分企業投身數位轉型所積極之處，數位優化是數位轉型相當重要的基礎。

第三階段為數位轉型，企業以創新方式利用數位科技來解

決傳統的問題，在各個層面皆整合應用科技以效率化流程，像是重新定義顧客體驗、商業模式（產生新產品或新服務模式，創造新利潤空間與價值）、營運流程（在生產鏈與服務鏈中提高產量與獲利性）、行銷與業務（精準鎖定客群與控制預算來提高效能）、輔助功能（調整如金融、法務與人資等的輔助功能架構，來降低開支，簡化部門間的溝通管道），找到新的方式提供價值、創造營收並提升效率。

　　從數位化準備程度來看，本研究訪談的中小企業約有 5 成 3 比例為數位學習者，多為初步開始落實規劃數位轉型。

本研究實際訪談案例－依數位化準備程度來分

數位化準備程度	等級 *	階段	說明
數位領先者（23.5%）	6	整合階段	數位轉型已在內部凝聚高度共識，並與外部合作夥伴及消費者高度整合。
	5	轉型階段	數位轉型已對公司帶來巨大轉變，並且創造出明確效益。
數位學習者（52.9%）	4	擴散階段	開始大規模導入數位轉型，並已逐漸產生效益。
	3	著手階段	初步開始落實規劃或是已投入實驗性的導入數位轉型。
數位新進者（23.5%）	2	規劃階段	處於評估、規劃階段，但還未實際投入數位轉型。
	1	認知階段	對數位轉型不瞭解、沒有規劃或正在瞭解。

* 數字越大代表數位化準備程度越高

本研究所訪談的中小企業之數位轉型模式

　　一般而言，數位轉型之模式可以分成五大類（高敬原，2020），第一類為「商業模式轉型」——企業透過數位工具和資料，發展出全新的服務模式、產品和通路。Netflix（網飛）從出租 DVD 服務轉型到數位串流服務，藉由付費訂閱制擴大營收與服務範圍，就是廣受好評的商業模式轉型；第二種是「顧客體驗轉型」——透過數位工具強化對顧客的了解，提出更貼近顧客需求的服務，進而拓展銷售。星巴克 2009 年起推出行動支付服務，顧客可以在 APP 中完成點餐和付款，便有效緩解了門市尖峰時間的排隊結帳人流。

　　第三種是「營運優化轉型」——透過數位工具提升企業工作流程、決策能力，以增加效率、降低成本。例如啤酒釀造需要靠老師傅多年經驗，日本麒麟啤酒因面臨人口老化問題，將老師傅釀酒的數據輸入 AI 系統，讓員工在開發新產品時，透過選擇酒精濃度、氣味等條件，系統就能以老師傅釀酒數據為基礎，進一步預測釀造方法，簡化研發流程；第四種是「組織工作模式轉型」——透過數位工具改變既有的工作型態、模式，或因應新的商業模式，調整組織內部分工；第五種是「員工文化心態轉型」——不只是技術、流程的轉型，企業員工在面對新的改變時，也必須調整工作心態適應新改變。IBM 就是透過線上課程，建立員工對於數位轉型的共同認知。

　　若用這樣的分類模式來套用在本研究的訪談廠商上，有39.3%的中小企業數位轉型模式為營運優化模式，有25.0%是屬於商業模式轉型，有21.4%為顧客體驗模式轉型，而屬於組織工作與員工文化轉型的模式較少，分別僅有10.7%與3.6%。

中小企業面臨的數位轉型挑戰

　　根據資策會數位轉型健診調查，大多數企業在數位轉型上面臨幾個問題，像是尚未清楚企業經營存在現有或產生的問題，或是不了解數位轉型所帶來的好處或效益，或是清楚需要轉型，但不知道需要哪些資源或如何改善，或是欠缺資訊、技術背景人才，企業無法提升等問題。

　　本研究曾拜訪資策會數位發展組李震華組長，李震華建議，中小企業人力、財力有限，不必盲目追趕潮流、訂定過於空泛的目標，不必強求客製化軟體、服務，「使用雲端上的軟體即可，且應優先選用財務、會計軟體，釐清帳目與金流，再談其他。」

　　李震華表示大多數中小企業若非窮途末路，根本不會思考轉型，包括數位轉型，「使用數位工具，優化產品品質、作業流程，不僅較為務實，更易立竿見影」，如使用會計軟體，節省對帳時間等，「中小企業應確定自身的定位，切勿對數位轉型有錯誤或過度的期待，導致資源錯置。」

許多中小企業數位優化、轉型失敗，李震華懇切地說，「關鍵在於，將數位優化、轉型責付資訊部門，完全技術導向，而非業務導向」，最後資訊部門研發出的專案，業務部門不願接受。他奉勸中小企業負責人、管理者，「若真要進行數位轉型，不應由資訊部門負全責，必須視其為全公司的大事，一起討論、執行。」

「中小企業進行數位轉型，得訂定優先順序，先從較易有成果的項目做起，切忌『萬箭齊發』。」李震華提醒，在數位轉型過程中，企業裡必定有人反彈、有人觀望，待有初步成果後，將可形成「正向循環」，降低數位轉型的阻力！

台灣中小企業傳承接班之現況

根據資誠「2019 台灣家族企業傳承調研報告」，受訪的 305 位掌權者所得的統計結果，有 54% 掌權者表示已經交棒給子女或未來考慮將企業交棒給子女或家族成員，而交給專業經理人的比例較低，僅有 13%。此外，85% 的受訪者表示目前已有安排家族成員在企業內部工作，且報告中也指出有 33% 的企業掌權者尚未考慮傳承問題，顯示當前國內企業對於傳承議題的重視度仍不足。

再者，根據台經院 2017 年有關台灣中小企業傳承主題之調查，受訪的 1068 家中小企業所得的統計結果，僅 39.61% 中小企業表示目前有企業傳承行動。在這些有傳承行動的中小企

業中，有 86.52% 選擇傳給家族下一代，其次為由專業經理人接手的傳賢模式，占 11.35%，而出售僅占 2.13%。顯示家族企業的傳承，係台灣中小企業傳承最為重要的模式。

本研究所訪談的中小企業之傳承接班策略

　　中小企業雖然資源與大企業無法相比，但是在傳承上，一樣要處理究竟要維持現狀或是要擴大規模的問題。因此，中小企業的傳承，也可以視為是企業發展歷程的關鍵點。從過去的傳承經驗與文獻來看，中小企業知識的傳承主要是透過「師徒制」的方式，第一代創業者通常也是以這種方式去教導子女，若企業無法順利完成接班，則企業經營必然面臨衰敗的問題，長遠來看，對於產業鏈銜接也必然會帶來相對之衝擊。

　　參考鐘喜梅教授（2018）《中小企業傳承與創新》一書當中的研究，就家族企業代際傳承策略定位架構來看，可以分成四個象限的選擇，如下列所示：

- 深化目前產業定位：在目前的產業當中，選擇繼續提供現有產品（或服務）組合，而顧客可以是目前所服務的特定國界內之區隔顧客，或是延伸至其他國家之區隔顧客。價值則可能因為營運流程或活動之創新而提升與改變。
- 在既有產業發現新定位：選擇開發新的產品（或服務）組合，同時因為產品（或服務）的差異，而有不同於原本產

品（或服務）的區隔顧客。新顧客可以是特定國界內的新區隔顧客，也可以是其他國家的區隔顧客。價值則因為營運流程或活動的創新，而與原本產品（或服務）價值有所差異。

● 延伸目前定位至新產業：在不同的產業當中，選擇繼續提供現有產品（或服務）組合，但是通常由於產業範疇的改變，因此代表產品（或服務）的組合與樣態或有差異，通常與既有產業的連結在於核心技術的應用與延伸。同時由於產業的改變，代表顧客群與需求價值也會與既有產業的定位有所差異。顧客可以是目前所服務特定國界內的新區隔顧客，或是延伸至其他國家的區隔顧客。價值則因為產品（或服務）差異，而使其有全新樣貌。

● 在新產業發現新定位：在新的產業當中，提供不同於現有產品（或服務）的產品（或服務）組合，同時開發全新的顧客。由於產品（或服務）、顧客與價值均有所差異，因此價值的產生不是因為既有營運流程或活動的創新而產生，而是因為新產品的特性或創造而產生。

　　將本研究實地訪談的中小企業套用在家族企業代際傳承策略上，如下表所示，約有 7 成的中小企業處於深化目前產業定位上，該定位的產業相對變動程度較低，產品生命週期較長，且家族成員掌握企業提供產品（或服務）的關鍵資源或技術。

本研究實地訪談中小企業傳承策略定位

家數（占比）	目前定位	新定位
目前產業	深化目前產業定位 15 家（71.43%）	在既有產業發現新定位 2 家（9.52%）
新產業	深化目前產業定位 15 家（71.43%）	在新產業發現新定位 1 家（4.76%）

本研究所訪談的中小企業之策略聯盟模式

　　策略聯盟是指企業之間的合作協議，它是一種介於市場及科層組織之間的混合性安排，在策略聯盟中，兩個或兩個以上的廠商夥伴之間透過緊密、互惠的協定關係，共享資源、知識和能力，以強化每一位夥伴的競爭地位、達成其個別或共同的目標。

　　本研究共訪談 24 間中小企業與 4 間非營利組織（機械公會、螺絲公司、工具機公會與食品研究所）。據相關文獻研究分類模式，企業打群架模式，一為產業群聚（非本研究主題探討重點），其次為策略聯盟，策略聯盟又可再細分為合資式合作與契約式合作。其中，合資式合作又包含併購策略與股權聯盟兩種，契約式合作則包含異業結盟與供應鏈整合（多家企業與單一企業）。

　　策略聯盟可以是暫時性的合作組織，即不牽涉股權投資之非股權式策略聯盟或契約式聯盟或是涉入股權投資之策略聯

盟，或稱合資企業。合資（Joint Venture）是指合作雙方各出
某一比例的資本，成立新的事業體，共同經營新創事業的一
種合作模式，包含併購與股權聯盟。本研究所拜訪廠商中有
21.5% 的比例屬於合資式合作，其中併購策略僅占 3.6%，股
權聯盟則占 17.9%。

　　此外，本研究所拜訪廠商中有 78.5% 的比例屬於契約式
合作，其中供應鏈整合策略占 64.2%，比例最高，當中又以單
一企業共同合作的比例較高（46.3%），屬於異業結盟的則占
14.3%。異業結盟是指不同類型的企業，為了提升規模效應、
擴大自己的市場佔有率而組成的利益共同體；更白話的說，即
與一家或多家不同行業的企業結為戰略夥伴關係來達到資源共
用、優勢互補的目的。所以異業結盟不僅壯大了企業本身，同
時也讓消費者得到最大的利益，而達三贏的策略目的。

本研究所訪談的中小企業之策略聯盟動機

　　策略聯盟已被企業廣泛的運用，其興起乃源於企業在面臨
國際競爭壓力時，基於本身資源及能力的不足，期望透過合資、
共同研發、交互授權、通路協議等方式，結合各自稀少的有限
資源，共同分攤研發的成本及風險、掌握市場通路、制定產業
標準，企業因有著不同的動機將會產生不同的策略聯盟型態。

　　企業合作動機如先前章節所描述的，面對全球的競爭市
場，資本已越形擴大，加上產品的生命週期縮短，在高成本、

高風險的動態環境下，以聯盟的力量分攤開發風險及降低營運成本。此外，面對國際標準化的消費產品市場，大規模經濟效益的產量已超過單一廠商所能承接，故在建立規模經濟的過程中勢必尋求策略聯盟，以彌補中小企業相對於大型企業的弱勢，使聯盟成員的生產量增大，並利用彼此間的相對優勢，使平均成本降低，增加競爭優勢。

就本研究受訪廠商來看，中小企業合作之動機，主要是以策略驅動之方式，占比 64.3%，其次是學習驅動（21.4%），最後才是成本驅動（14.3%）。

國家圖書館出版品預行編目資料

中堅實力. 4：外部結盟、內部革新到數位轉型,台灣中小企業突圍勝出的
　新契機/台灣經濟研究院研究. -- 初版. -- 臺北市：商周出版：英屬蓋曼
　群島商家庭傳媒股份有限公司城邦分公司發行, 2022.01
　　面；　公分. --(新商業周刊叢書；BW0790)
　ISBN 978-626-318-097-0(平裝)

1.中小企業 2.產業發展 3.台灣
553.712　　　　　　　　　　　　　　　　　　　　　　　　110019925

新商業周刊叢書 BW0790

中堅實力 4

外部結盟、內部革新到數位轉型，台灣中小企業突圍勝出的新契機

研　究　單　位／台灣經濟研究院
委　託　製　作／中租迪和（股）公司
內　文　撰　稿／高永謀
責　任　編　輯／劉羽芩
版　　　　　權／黃淑敏、吳亭儀
行　銷　業　務／周佑潔、林秀津、黃崇華、賴正祐

總　　編　　輯／陳美靜
總　　經　　理／彭之琬
事業群總經理／黃淑貞
發　　行　　人／何飛鵬
法　律　顧　問／台英國際商務法律事務所　羅明通律師
出　　　　　版／商周出版
　　　　　　　　臺北市 104 民生東路二段 141 號 9 樓
　　　　　　　　電話：(02) 2500-7008　傳真：(02) 2500-7759
　　　　　　　　E-mail: bwp.service @ cite.com.tw
發　　　　　行／英屬蓋曼群島商家庭傳媒股份有限公司　城邦分公司
　　　　　　　　臺北市 104 民生東路二段 141 號 2 樓
　　　　　　　　讀者服務專線：0800-020-299　24 小時傳真服務：(02) 2517-0999
　　　　　　　　讀者服務信箱 E-mail: cs@cite.com.tw
　　　　　　　　劃撥帳號：19833503　戶名：英屬蓋曼群島商家庭傳媒股份有限公司城邦分公司
訂　購　服　務／書虫股份有限公司客服專線：(02) 2500-7718；2500-7719
　　　　　　　　服務時間：週一至週五上午 09:30-12:00；下午 13:30-17:00
　　　　　　　　24 小時傳真專線：(02) 2500-1990；2500-1991
　　　　　　　　劃撥帳號：19863813　戶名：書虫股份有限公司
　　　　　　　　E-mail: service@readingclub.com.tw
香 港 發 行 所／城邦（香港）出版集團有限公司
　　　　　　　　香港灣仔駱克道 193 號東超商業中心 1 樓
　　　　　　　　E-mail: hkcite@biznetvigator.com
　　　　　　　　電話：(852) 2508-6231　傳真：(852) 2578-9337
馬 新 發 行 所／城邦（馬新）出版集團
　　　　　　　　Cite (M) Sdn. Bhd.
　　　　　　　　41, Jalan Radin Anum, Bandar Baru Sri Petaling, 57000 Kuala Lumpur, Malaysia.
　　　　　　　　電話：(603) 9057-8822　傳真：(603) 9057-6622　E-mail: cite@cite.com.my
封　面　設　計／萬勝安
美　術　編　輯／李京蓉
製　版　印　刷／韋懋實業股份有限公司
經　　銷　　商／聯合發行股份有限公司
　　　　　　　　新北市 231 新店區寶橋路 235 巷 6 弄 6 號 2 樓
　　　　　　　　電話：(02) 2917-8022　傳真：(02) 2911-0053

■2022 年 1 月 11 日初版 1 刷　　　　　　　　　　　　　Printed in Taiwan

定價 460 元　　　　　　　版權所有・翻印必究
ISBN: 978-626-318-097-0（紙本）　ISBN: 9786263180994（EPUB）